Daniel Schwerd

Politik aus Notwehr

Das Erbe der Piratenpartei

Meinen Kindern: <3
Ihr seid der Grund, wozu ich das alles tue.
Meiner Mutter: <3
Du bist der Grund, warum ich das alles tue.
Andrea: <3
Du bist der Grund, warum ich das alles tun kann.

Das Buch

Ein rasanter Aufstieg und ein genauso rasender Zusammenbruch: **Die Piratenpartei**. Daniel Schwerd berichtet aus sechs Jahren Parteizugehörigkeit über Erfolge, doch auch offen und ehrlich über die Gründe für das Scheitern dieser Internetpartei. Und er zieht ein Fazit, welche Lehren man aus diesem Experiment ziehen kann.

Der Autor

Daniel Schwerd, Mitglied im Landtag NRW, macht dort Netz- und Medienpolitik sowie Politik rund um den digitalen Wandel – einst für die Piraten, mittlerweile als fraktionsloser Abgeordneter für die LINKE. Diplom-Informatiker und selbstständiger Internet-Unternehmer, gehört der Medienkommission der Landesanstalt für Medien NRW an; schreibt regelmäßig zu netzpolitischen Themen in Blogs und Zeitschriften; engagiert sich für Teilhabe aller an politischen und gesellschaftlichen Prozessen, für Netzpolitik und gegen Überwachungswahn im Internet.

Daniel Schwerd

Politik aus Notwehr

Das Erbe der Piratenpartei

@netnrd

1. Auflage Mai 2016
Edition @netnrd
http://www.politik-aus-notwehr.de/

Bibliografische Information der Deutschen Nationalbibliothek: Die Deutsche Nationalbibliothek verzeichnet diese Publikation in der Deutschen Nationalbibliografie; detaillierte bibliografische Daten sind im Internet über http://dnb.dnb.de abrufbar.

http://www.daniel-schwerd.de/
Herstellung und Verlag: BoD – Books on Demand, Norderstedt

ISBN: 978-3-8423-3642-1

Inhalt

Statt eines Vorwortes

Ich sitze bei knapp vierzig Grad im Schatten unter dem Balkon, hier auf dem Monte Clamottone in Umbrien, schwitze, und schreibe mir eine Last von der Seele. Ich schreibe hier über ein Kapitel Vergangenheit, denn die Entscheidung, die Piratenpartei zu verlassen, steht bereits fest. Es ist nur noch das Wie und das Wann, welches mir unklar ist. Es beschäftigt mich auch, was ich mir nach einem Austritt an Angriffen und Bösartigkeiten werde anhören müssen. Denn dass ich dafür einen Sturm der Entrüstung ernten werde, ist absehbar.

Seit vielen Jahren kommt unsere Familie hierher in dieses Haus auf dem Berg in Umbrien, möglicherweise dieses Jahr zum letzten Mal: Mein Stiefvater und seine Brüder, die das Haus von ihren Eltern erbten, wollen jetzt verkaufen. Nachdem selbst die Enkel langsam das Interesse am Urlaub auf dem Berg verlieren, und die Zweitwohnungssteuer in Italien erheblich angezogen worden ist, lohnt sich das Ferienhaus immer weniger. Sentimentalität alleine reicht da nicht.

Seit 1975 war das Haus im Besitz der Großeltern, die sich das mittelalterliche Haus als Ruhesitz zugelegt und liebevoll restauriert hatten, als der „Alte“ pensioniert worden war. In den folgenden Jahren waren wir viele Male hergekommen, auch nachdem die Stiefgroßeltern hochbetagt gestorben waren. So ist auch unser

Sommerurlaub in diesem Jahr vielleicht eine Art Abschied.

Ich konnte nächtelang nicht richtig schlafen, immer wieder formulierte ich in meinem Kopf Partei-Austrittsbegründungen und Blogartikel, die erklären sollen, warum ich nicht mehr Teil von etwas sein kann, das in den letzten sechs Jahren mein Leben bestimmte. Und mir wurde klar, dass es so einfach nicht funktionieren würde: Nicht so, nicht in einem Blogpost. Ich würde sehr viel weiter ausholen müssen.

Ich war Teil von einem einzigartigen Ereignis, zur richtigen Zeit am richtigen Ort. Ich durfte den rasanten Aufstieg und den genauso rasenden Zusammenbruch einer Bewegung erleben – denn das Projekt „Piratenpartei" ist gescheitert. Ob nun endgültig oder nur vorerst, vermag ich nicht zu sagen – mir ist jedenfalls unklar, wo die Ressourcen für eine Wiedergeburt überhaupt herkommen sollten. Ich persönlich muss jedoch in jedem Fall hier einen Schlussstrich ziehen.

Dabei fühlt es sich gar nicht an, als würde ich die Partei verlassen – die Partei ist mir unterwegs abhanden gekommen, sie ist nach und nach verschwunden.

„Ihr werdet Euch noch wünschen, wir wären politikverdrossen" twitterte Max Winde unter dem *Twitter*-Account @343max am 18. Juni 2009. Und fasste damit bereits den größten Erfolg der Piratenpartei zusammen: Eine Generation Menschen, nämlich die im Internet sozialisierten, politisiert zu haben. Eine Generation, von der es immer hieß, sie habe an Politik kein

Interesse. Doch das war falsch: Sie wollte sehr wohl etwas ändern, als ihr Lebensraum Internet in Gefahr geriet. Und sie wollte die Art ändern, wie Politik gemacht wird: Ein Demokratie-Update.

Dabei war diese Generation alles andere als gleichalt: Von jugendlichen *JuPis*, der Jugendorganisation der Piraten, die in ihrem politischen Bewusstsein und in der Strukturiertheit ihrer politischen Rede die erwachsenen Piraten beeindruckten; bis zu Rentnerinnen und Rentnern mit faszinierenden Lebensläufen, Erfahrung, Starrsinn oder Milde waren alle Altersstufen vereint. Und nicht nur über unterschiedliche Altersstufen erstreckte es sich: Das Gefühl, auf einer gemeinsamen Wellenlänge zu schwingen, stellte sich stets umgehend ein.

Doch es zeigte sich, dass die „Netzgemeinde" nicht homogen ist. Es gibt nicht mal ein gemeinsames Wertegerüst. Man ist sich noch nicht einmal sicher, ob man ein gemeinsames Wertegerüst überhaupt benötigt. Und das wiederum ist meines Erachtens die Hauptursache für das Scheitern der Piratenpartei, für die gesellschaftliche und politische Erfolglosigkeit der Internetgemeinde insgesamt.

Teil des Internets, Teil der Netzgemeinde zu sein allein macht niemanden zu einem besseren Menschen. Die Leute, die Du im Internet kennen lernst, können Dich genauso enttäuschen wie alle anderen auch. Genauso wenig, wie ein freier Markt sich den Bedürfnissen der Menschen passend selbst reguliert, genauso wenig verbessert es die Gesellschaft automatisch, wenn man Technologie einsetzt: Es bedarf in beiden Fällen der aktiven Gestaltung.

Die Piratenpartei, wir alle haben es vergeigt. Wir haben das Projekt in den Sand gesetzt. Der Kahn ist abgesoffen. Das ist eine Affenschande: Es gab ein Zeitfenster, in dem alles möglich schien. Wir trieben die etablierte Politik für einige Monate vor uns her. Beobachter wie Akteure: Alle sind sich einig, dass sich im parlamentarisch-politischem System dringend etwas ändern muss, und eigentlich war das unsere Aufgabe. Klar, wir hatten auch Gegenwind: Verlage und Medienunternehmen haben gegen Piraten lobbyiert. Und der politische Mitbewerber hat manche unserer Themen für sich entdeckt, gekapert und für sich genutzt. Aber, mal ehrlich, wer hätte erwartet, dass es keinen Gegenwind gibt? Niemand (26) hat gesagt, dass es einfach werden würde.

Und für die gesammelten Niederlagen der Piratenpartei sind wir alleine verantwortlich: Das desaströse Bild, die gegenseitige, öffentliche, permanente Zerfleischung. Die Abgrenzungsprobleme. Der Punkt, wo aus liebenswertem Dilettantismus unentschuldbare Schlamperei wurde. Wo sich eine Mehrheit der Partei nicht entscheiden konnte, eine politische Partei zu sein, sondern an der Parteisimulation festhielt.

Dieses Manuskript habe ich Freunden und Familie gegenüber als mein „Therapiebuch“ bezeichnet. Ich versuche darin, die Gründe für Erfolge und Niederlagen der Piratenpartei zu analysieren und meine persönlichen Erfolge und Niederlagen, die ich als Teil dieser Partei erlebt habe, selbst ein wenig besser zu verstehen. Der Text soll einen Einblick in die Piratenpartei aus der Perspektive eines Insiders geben und ist selbstverständlich aus meiner ganz persönlichen, damit also auch subjektiven Sicht geschrieben. Einen Anspruch auf alleinige Wahrheit kann er nicht haben, andere Beteiligte werden womöglich zu anderen Schlüssen kommen. Wenn man dabei meine persönliche Empfindsamkeit (Piraten würden sagen: Mein Mimimi) wahrnimmt: Das ist dann so und war nicht zu vermeiden. Man sehe es mir bitte nach.

Politik aus Notwehr

Ich war schon immer politisch interessiert – als Jugendlicher der 80er Jahre war ich mit den Friedensdemonstrationen im Schatten des Kalten Krieges aufgewachsen. Ich habe verfolgt, wie daraus die Grünen entstanden sind. Ich kann mich auch noch gut an den deutschen Herbst zuvor erinnern, als die Diskussion um die Gefahren der Rasterfahndung begann. Als Kinder spielten wir „Baader-Meinhof-Bande und Polizei". Die Debatte im Deutschen Bundestag anlässlich des Misstrauensvotums gegen Helmut Schmidt am 01. Oktober 1982 hörten wir stundenlang in einer Radiosendung im Bus während einer Schulklassenfahrt nach Oberaudorf bei Rosenheim, nahe der österreichischen Grenze. Danach kam die endlose, bleierne Ära Kohl, und die schnell enttäuschten Hoffnungen nach dem Regierungswechsel zu rot-grün. Es folgten die Golfkriege, der elfte September 2001 und die verhängnisvollen militärischen Interventionen in Afghanistan und im Irak.

Nach dem Zusammenbruch des „real existierenden" Sozialismus schaltete der Kapitalismus in den Turbo-Gang. Die Nuller Jahre waren geprägt von sich weiter vergrößernder sozialer Spaltung: Der Neoliberalismus gebärdete sich auch deshalb so dreist, weil es keinen Gegenentwurf mehr gab. Die Agenda 2010, die von der rot-grünen Bundesregierung umgesetzt wurde, vergrößerte die soziale Spaltung in Deutschland weiter. Die gesamte deutsche Politik versammelte sich in der „alternativlosen" Mitte. Mich machte das wütend.

Als der Kapitalismus den Bogen überspannte, und Banken weltweit mit Milliarden gerettet werden mussten, hofften viele, dass sich der Wind dreht und Banken in die Schranken verwiesen werden: Wer zu groß zum Scheitern ist, stellt auch ein zu großes Risiko dar. Doch diese Hoffnungen wurden zerschlagen, die Beharrungskräfte des Systems waren zu groß. Verluste wurden weiter sozialisiert und Risiken auf die Gemeinschaft abgewälzt, während Gewinne weiter privatisiert wurden. Durch das Internet schienen sich die genannten Prozesse eher noch weiter zu beschleunigen.

Ich hatte sehr zeitig Berührung mit dem Internet. In den 90ern beschäftigte ich mich mit elektronischer Musik und den zugehörigen elektronischen Instrumenten – meine erste Webseite, die ich auf dem damals populären kostenlosen Dienst für Webspace *„Geocities“* im Jahr 1996 veröffentlichte, drehte sich um meine Musik. Eigentlich bin ich ganz froh, dass man diese Webseite nicht mehr findet, sie war der reinste Augenkrebs, mit Sternenhimmel-Hintergrundbild, blinkenden Symbolen und sich bewegendem Text. Ich studierte damals Informatik an der Fernuniversität Hagen – im Studium hatte man mit dem Internet noch keine Berührung – und arbeitete parallel dazu als Datenbankprogrammierer und Methoden- und Modelle-Spezialist in einer Versicherung. Ich programmierte zu dem Zeitpunkt Großrechner in *COBOL*, einer Programmiersprache aus den 60er Jahren. In der Versicherung spielten damals selbst PCs praktisch keine Rolle – erst recht nicht also das Internet. Ich hörte noch Ende der 90er Jahre vom Vertriebsvorstand meines Arbeitgebers das Argument, dass man niemals auf den Vertrieb im Internet setzen könne, da man ja die Makler nicht vor den Kopf stoßen wolle. Ich wollte aber mit der spannenden neuen Programmiersprache *JAVA* programmieren und mit und im Internet arbeiten, also verließ ich die Versicherung und wechselte nach der Jahrtausendumstellung im Jahre 2000 zu einer Internetagentur.

Damals im neuen Markt notiert, war mein Arbeitgeber im Jahr 2003 bereits insolvent. Es hatte sich gezeigt, dass reines Umsatz- und Personalwachstum auf Dauer nicht gutgehen konnte. Just in dieser Zeit platzte die Internetblase insgesamt. Auch damals war es für mich ein einmaliges Erlebnis, Teil des derartig rasanten Auf und Ab gewesen zu sein.

Und: Es ereignete sich der elfte September.

Unmittelbar nach dem Attentat brach das Internet zusammen. Buchstäblich keine Internetseite war mehr erreichbar. Informationen erreichten uns zur Arbeitszeit in der Agentur nur per Email, Radio und Fernseher. An produktive Arbeit war an jenem Tag nicht mehr zu denken. Am Nachmittag trafen wir uns alle im Besprechungsraum, vereint in unserer Fassungslosigkeit. Jemand vermutete, dass noch am Abend die US-amerikanischen Bomber aufsteigen und Afghanistan bombardieren würden. Es kam so, allerdings erst einige Monate später.

Wie tief diese Vorkommnisse unsere Welt, und auch gerade das Internet verändern würden, ahnten wir in diesen Tagen bereits. Auch wenn wir uns nicht vorstellen konnten, wie sehr. Und dass mal eine Bewegung entstehen würde, eine politische Partei, die zu einem guten Teil auf die damals eingeleiteten Veränderungen zurückzuführen ist, war nicht vorhersehbar.

Das Internet mit all seinen Facetten hatte mich in dieser Zeit gefangen genommen. Erst nebenberuflich und angestellt, später selbstständig war ich darin tätig, gleichzeitig spielte sich jedes meiner Hobbies dort ab. Ich lernte Menschen über das Internet kennen und lieben. Es wurde zu meinem Lebensraum.

Es entstanden neue Industrien, das Internet kollidierte mit einer alten Industrie nach der anderen – manche davon ging sang- und klanglos unter, wie beispielsweise die Reiseagenturen; andere stemmten sich lautstark dagegen, wie etwa die Medienbranche.

Anfang der Nuller Jahre machte das Schlagwort vom „Rechtsfreien Raum Internet" die Runde. Das war so polemisch wie falsch: Schon damals war das Internet stärker reguliert als das physische Leben. Neben allen Gesetzen, die für alle gleichermaßen galten, gab es auch noch spezielle Regelungen für das Internet, beispielsweise das Telemediengesetz und die Impressumspflicht. Mit einer Fülle von Rechtsnormen konnte man als durchschnittlicher Internetbewohner auf einmal ungewollt Bekanntschaft machen: Wettbewerbsrecht, Abmahnungen, Markenrecht, Urheberrecht, Fragen des „geistigen Eigentums". Ich erhielt als *EBay*-Nutzer, als Internet-Unternehmer, als Betreiber von Internetseiten zahllose Abmahnungen. Die ersten zwei davon habe ich bezahlt: Als *EBay*-Verkäufer hatte ich einmal kein Impressum angegeben, und in den Allgemeinen Geschäftsbedingungen meines Online-Shops waren fehlerhafte Klauseln, weil ich mir diese AGB – natürlich – irgendwo aus dem Internet kopiert hatte, so als Einzelunternehmer: Das war Lehrgeld, das ich zu bezahlen hatte.

Die Kosten dieser beiden Abmahnungen überstiegen meine damaligen Jahresgewinne bei weitem. Ich war nahe dran, meine Internet-Unternehmungen insgesamt aufzugeben. Diese Reaktion wäre sicher nachvollziehbar gewesen – doch welch einen Fehler hätte ich damit begangen, schließlich konnte ich einige Jahre später meine ganze Existenz darauf aufbauen. Viele andere kleine Internet-Gründer aber haben wegen Abmahnungen aufgegeben, dieser Hinweis sei mir als Anmerkung zur Innovationsfreundlichkeit und Gründerkultur in Deutschland erlaubt.

Die zahlreichen Abmahnungen, die ich danach erhielt, waren der erstarkenden Abmahnindustrie geschuldet. Rechtlich waren sie so verbindlich wie eine Bitte um Spenden, in der Szene wurden sie als anwaltliche Bettelbriefe bezeichnet. Ich erhielt eine Abmahnung des

Rechtsvertreters eines verurteilten Mörders, der den Namen seines Klienten aus der Wikipedia entfernen wollte, die ich verlinkt hatte. Ich erhielt eine Abmahnung wegen des Bildes eines Turnschuhes, auf dem ein dem Adidas-Streifen ähnlicher Streifen gedruckt war, welches jemand in mein Kleinanzeigenprojekt hochgeladen hatte. Jemand beauftragte einen Anwalt, weil einer meiner Kunden einen zweizeiligen Reim von ihm geklaut haben sollte. All diese Anwälte ignorierten die Freistellung für fremde Inhalte, die das Telemediengesetz vorsieht – denn einer muss ja stets verantwortlich gemacht werden, bei uns in Deutschland. Und alles, was möglicherweise schiefgehen kann, muss vorher bedacht und geregelt sein.

Das „geistige Eigentum“ feierte Urständ. Das @-Zeichen, der Buchstabe „D-“, der Begriff „Webspace“ galten als markenrechtlich geschützt und führten zu Abmahnwellen. Anwaltskanzleien sahen ihre Chance, und beschafften sich das Vertretungsrecht solchen Eigentums – dabei spielte es dann keine Rolle, ob es sich um Marken oder Medien wie Stadtpläne, Fotos, Filme oder Musik handelte, denn echte oder vermeintliche Rechtsverstöße fand man zuhauf per Suchmaschine im Internet. Die Umsätze einzelner Kanzleien mit Abmahnungen überschritten dreistellige Millionenbeträge.

Das deutsche Marken-, Wettbewerbs- und Urheberrecht stammt aus einer Zeit, die ohne elektronische Medien auskam, die dadurch entstandenen Nutzungsveränderungen sind in diese Regeln größtenteils immer noch nicht eingearbeitet. Und in den Nuller Jahren wurde die Internetgemeinde immer verzweifelter, weil die Gesetzgebung und Politik die Notwendigkeit der Veränderung dieser Normen einfach nicht einsah.

2009

Rund um das Haus sind Regentonnen aufgestellt, denn Wasser ist knapp in dieser Ecke Italiens: Im Sommer versiegt die Quelle am Berg, die dem Haus ihr Frischwasser liefert. Dann ist man auf die Reserven in der Zisterne angewiesen, bis im Herbst die Regenzeit anfängt und die Quelle wieder zu sprudeln beginnt. Die Großeltern, stammend aus einer Generation, die zwei Kriege erlebt hatte, hamsterten daher Brauchwasser in Badewanne und Waschkübeln.

Die Regentonnen sollten den Garten über den Sommer bringen – denn auf seine geliebten Rosen wollte der alte Herr nicht verzichten. Die aber brauchen auch im trockenen Sommer ihr Wasser.

Als wir die ersten Jahre mit unseren Kindern die Ferien dort verbrachten, haben wir in Mückengitter vor den Fenstern investiert, denn die Regentonnen waren die reinsten Brutkästen für Mücken. Und so ist es auch dieses Jahr: Fiese winzige Mücken perforieren uns an Armen und Beinen.

Zensursula und Stasi 2.0

2009 erreichte die Verzweiflung der Internetgemeinde an der Ignoranz der Politik einen ersten Höhepunkt. Das Internet, so wurde es allseits dargestellt, war voll mit Kinderschändern, Vergewaltigern und Bombenlegern. Und damit endlich mal jemand an die Kinder denkt, kam die Idee eines Stoppschildes im Internet auf. Die damalige Familienministerin Ursula von der Leyen, bald „Zensursula“ genannt, setzte sich an die Spitze einer Bewegung, die den Zugang zu Webseiten sperren wollte, von denen dokumentierter Kindesmissbrauch, vulgo: „Kinderpornografie“, verteilt wurde.

Das war nicht nur technischer Unsinn, weil diese Art Sperren bereits mit *Windows*-Bordmitteln einfach zu umgehen ist: Dies stellte ungefähr dieselbe Verhinderung von Straftaten dar wie die Absperrung durch ein rot-weiß-gestreiftes Flatterband. Die Seiteneffekte von „Overblocking“, also dem Risiko der Sperrung unbeteiligter Seiten, dem Entstehen einer Zensurinfrastruktur, die dann gewiss weitere Zensurbegehrlichkeiten wecken würde, bis hin zum Verhindern tatsächlicher Maßnahmen gegen Kindesmissbrauch und deren Dokumentation sind da noch gar nicht berücksichtigt: Der Gesetzentwurf war nicht nur nutzlos, er war sogar ausgesprochen kontraproduktiv.

Die Politik ignorierte jedoch sämtliche Technikexperten. Sie stampfte gewissermaßen mit dem Fuß auf und sagte „Ich will aber“. Am technischen Lösungsversuch eines gesellschaftlichen Problems wurde unbeirrt festgehalten. Eine Tendenz, die man in den Folgejahren immer wieder beobachten konnte.

Das Gesetz nannte sich „Zugangserschwerungsgesetz“. Da offenbar auch den Politikern klar geworden war, dass der Zugang durch die von ihnen vorgesehenen Maßnahmen nicht zu verhindern war, dachte man sich diesen Neusprech-Namen aus. Auch das politisch motivierte, künstliche Beugen von Wortbedeutungen war ein typisches Vorgehen, welches die Antipathie, die Politikverdrossenheit vergrößerte.

Zur selben Zeit verschärfte sich die restriktive Innenpolitik weiter. Seit Ende 2007 gab es die Vorratsdatenspeicherung, für die der damalige Bundesinnenminister Wolfgang Schäuble verantwortlich zeichnete. Sämtliche Verbindungdaten elektronischer Kommunikation wurden gespeichert, jeder Internetnutzer stand damit unter Generalverdacht. Schäubles Konterfei im schwarzweißen Scherenschnitt zierte die populären „Stasi 2.0"-Logo-T-Shirts. Zusammen mit dem gleichgestalteten „Zensursula"-Logo Ursula von der Leyens wurden sie zu den Icons der Netzbewegung, die sich zunehmend politisierte.

Internetkompetenz war in den etablierten Parteien absolute Fehlanzeige. Das begann schon auf der rein technischen Ebene: Keine Partei bot überhaupt Partizipationsmöglichkeiten im Internet an. Nicht einmal alle Informationen waren überhaupt online zu finden. Politiker wussten buchstäblich nicht, worüber sie sprachen: Wenn Interviewer Politiker nach der Bedeutung von Internetbegriffen wie „Browser" fragten, war die Antwort immer ein garantierter Lacher.

Piraterie

Ab 2006 wurden weltweit Piratenparteien aufgebaut. Ausgehend von der Filesharing-Webseite *„The Pirate Bay"* in Schweden, wo die erste Piratenpartei am 1. Januar 2006 entstand, folgten sukzessive Piratenparteien über den ganzen Globus. Am 10. September 2006 wurde die deutsche Piratenpartei in Berlin gegründet.

„Piraterie", das war die diffamierende Bezeichnung der Medienindustrie für Urheberrechtsverletzungen durch das (unerlaubte) Verteilen digitaler Werke, dem „Filesharing". Für viel Geld schaltete die Branche Kino- und Print-Kampagnen, welche Raubkopierer als ruchlose Verbrecher darstellen sollten. Dabei ist bereits der Begriff "Raubkopieren" schon ein Sprachmonster – Opfer eines Raubes, also einem mit körperlicher Gewalt verbundenen Überfall, werden durch die Gleichsetzung dieser Tat mit der unerlaubten Vervielfältigung eines digitalen Werkes verhöhnt. Wer in den Lauf einer Waffe geblickt hat, dürfte für diese Art der Dramatisierung wenig Verständnis haben. Dabei gab es eine Bezeichnung für die unerlaubte Vervielfältigung geschützter Werke – sie lautet "Urheberrechtsverletzung". Aber das klang offenbar nicht bösartig genug.

Durch diese Kampagnen hatte die Medienindustrie es geschafft, dass Urheberrechtsverletzungen international ähnlich schwer mit Strafe bedroht wurden wie ein tatsächlicher Raub. Es war aus Strafgesichtspunkten sinnvoller, die gewünschte CD im Laden zu stehlen, als sie auf illegalem Weg zu kopieren – dies verdeutlicht die in diesem Punkt vorherrschende Hysterie. Urheberrechtsverstöße werden allerdings nur sehr selten strafrechtlich, sondern in aller Regel zivilrechtlich abgewickelt – also als Schadenersatzverfahren zwischen dem Rechtsverletzer und dem Rechteinhaber.

Das tatsächliche Problem für die Industrie bestand in der hohen Anzahl von Kopien durch die massenhafte Verbreitung im Internet. Jedoch reagierte sie lange Zeit nicht mit entsprechenden Angeboten, die es den Nutzern erlauben würde, den de-facto-Standard des Filesharings, oder später den des Streamings auf legale Weise auszuüben – stattdessen versuchte man, durch Medienkampagnen und Abmahnwellen Abschreckung zu verbreiten. Es mussten erst Unternehmen aus anderen Branchen kommen, um diese Angebote zu schaffen, wie damals *Apple* mit ihrem *iTunes*.

Genauso offensiv betrieb die Medienindustrie Lobbyismus und Politikerbeeinflussung – mündend in Gesetze, die die Rechte der Nutzer immer weiter einschränkten.

Und wo das nicht gelang, wurde dem Nutzer die Abwesenheit seiner Rechte suggeriert. Dies übrigens so erfolgreich, dass selbst der damalige Kulturstaatsminister Bernd Neumann (CDU) unwidersprochen in einem Interview im November 2009 behauptete, es gäbe "kein Recht auf Privatkopie". Damit liegt er nämlich falsch – dieses Recht gibt es sehr wohl, es findet sich in §53 des Urheberrechtsgesetzes. Zu seinen Gunsten könnte man annehmen, dass er das Gesetz tatsächlich nicht kannte – was allerdings auch ein Armutszeugnis für einen Kulturstaatsminister wäre. Er wäre damit jedenfalls nicht alleine, denn kaum jemand weiß, dass man von einer CD, die man regulär gekauft hat, selbstverständlich eine Kopie anfertigen kann und an einen Freund verschenken darf – ganz legal.

Für dieses Recht auf Privatkopie zahlt man sogenannte Urheberrechtsabgaben, zum Beispiel auf CD-Rohlinge, aber auch auf Drucker, Scanner, CD-Brenner und PCs. Warum es nicht gelingen soll, beispielsweise mit dieser Art von Abgaben Downloads und Filesharing-Angebote und dann später das Streaming zu legalisieren, konnte von der Rechteverwertungsindustrie niemand erklären.

Die Piraten nahmen die Diffamierung, die die Medienindustrie den Nutzern digitaler Medien pauschal verliehen hatte, auf und wollten sie ins Positive wenden: Denn immerhin denken viele Menschen dabei eher an die Piraten der Karibik und Johnny Depp als die vor der Küste von Somalia.

Die erste Eintrittswelle

Bis 2009 spielte die Piratenpartei noch keine nennenswerte Rolle, doch war sie tatsächlich die einzige Partei, der die Netzgemeinde Kompetenz in den Fragen von Überwachung und Zensur des Internets zutraute. In der Europawahl am 7. Juni 2009 erreichte sie mit 0,9% einen Achtungserfolg in Deutschland. Aus dem Gründungsland Schweden wurden sogar zwei Piraten in das Europaparlament entsendet, nachdem die Partei dort 7,1% erreicht hatte: Christian Engström und – nach einer Erweiterung des Parlaments – Amelia Andersdotter. Das war etwa die Zeit, in der ich auf die Piraten aufmerksam wurde.

Es war der Moment, in dem ich dachte, man kann nicht immer nur jammern, man muss auch vielleicht selbst etwas tun, wenn sich etwas ändern soll.

Und ich war nicht der einzige, der so dachte: Im Sommer 2009 stieg die Mitgliederzahl der Piratenpartei von unter 1000 auf über 15.000. Das ging an der Partei nicht spurlos vorbei: Lange Zeit wurde versucht, die Organisation mit den bisherigen Mitteln fortzuführen – doch dazu später mehr. Man könnte also letztlich sagen, dass die Piratenpartei ihren Durchbruch Ursula von der Leyen verdankt.

Ich stellte im Internet fest, dass es einen Kölner Stammtisch der Piraten gab. Am 5. Juli abonnierte ich die zugehörige Kölner Mailingliste, und ging an einem Montag im Juli 2009 auf den ersten politischen Stammtisch meines Lebens.

Das Bürgerzentrum Ehrenfeld, genannt *BüZe*, ist Treffpunkt für Konzerte, Aufführungen und den Karneval im Kölner Stadtteil Ehrenfeld. Für etwa 15 Euro konnte man für einige Stunden einen größeren Besprechungsraum mieten, vorgesehen für vielleicht vierzig Personen.

Der Raum war brechend voll. Buchstäblich jeder Platz war besetzt. Von draußen nahm man einen Stuhl mit hinein und stellte ihn an eine freie Stelle, oder nahm gleich auf der Fensterbank Platz. Und von Woche zu Woche wurde der Raum voller. Bis Ende September waren bis zu 100 Personen anwesend, jede Woche dutzende neuer Gesichter, die ich zuvor noch nicht gesehen hatte.

Üblich war eine Vorstellungsrunde: Jeder sagte ein paar Worte zu seiner Person und zu seiner Motivation. Die wenigsten waren bereits Piratenparteimitglied, und niemand hatte Parteierfahrung. Manche erzählten von studentischen oder alternativen Politikhintergründen, aber die meisten Menschen waren wie ich auch aus Entsetzen über die Pläne zur Einführung einer Internetzensur hergekommen. Es dominierte schwarz: T-Shirts mit Bedruckung, Kapuzenpullover, bunte Haare und Pferdeschwänze. Aber: Es überwogen auch Männer. Sicher 90% der Anwesenden waren männlich.

Die, die ich als die Meinungsführer identifizierte, waren, so fand ich heraus, selbst auch erst ein paar Wochen länger als ich dabei: Dieser Stammtisch war überhaupt erst 2009 entstanden. Offenbar gab es bereits einmal einen gemeinsamen Köln-Bonner Piratenstammtisch bis 2008, der aber dann mangels Beteiligung eingeschlafen war.

Außerdem fand ich mich unmittelbar im Wahlkampf zur Bundestagswahl wieder. Ohne Umschweife konnte man an Infoständen teilnehmen, selbst wenn man noch keinerlei Erfahrung hatte. Plakate mussten aufgehängt werden. Gleichzeitig fragte man mich, ob ich nicht eine aktivere Rolle spielen wollte. Das schmeichelte mir damals sehr: Es blieb nicht das letzte Mal, dass mir eine solche Frage gestellt wurde.

Ich fühlte mich sehr wohl: Obwohl die unterschiedlichsten Persönlichkeiten anwesend waren und auch sehr viele Leute unterschiedlichen Alters, hatte man gleich das Gefühl, auf einer Wellenlänge zu liegen. Jeder hatte denselben Wert, man konnte direkt loslegen, mitreden und mitmachen. Ich dachte, wer mit demselben Hintergrund aus dem Internet kommt, müsste doch auch dasselbe Wertegerüst teilen. Welch ein Irrtum.

Im September füllte ich schließlich meinen Mitgliedsantrag aus. Am ersten Oktober 2009 erhielt ich die Bestätigung, mit der Mitgliedsnummer 8547 aufgenommen worden zu sein. Ich bekam eine Plastik-Mitgliedskarte, auf der aufgedruckt war:

"Der Besitzer dieses Dokuments ist berechtigt, sich seines Verstandes zu bedienen, Informationen zu produzieren, replizieren und konsumieren, sich frei und ohne Kontrolle zu entfalten – In Privatsphäre und Öffentlichkeit". Ich war jetzt auch offiziell Pirat.

Die Wahl zum 17. Deutschen Bundestag fand am 27. September 2009 statt. Die Piratenpartei erzielte mit 2,0% einen weiteren Achtungserfolg. Sie war nun die „größte der kleinen" Parteien. Sehnlichst wünschten wir uns in der Berichterstattung einen eigenen, orangenen Balken – doch das sollte noch zwei Jahre dauern. Und er war dann auch schnell wieder verschwunden.

Das stürmische Wachstum durch diese erste Eintrittswelle ebbte zwar ab, aber die nun zusammengefundenen Piraten hatten noch kein gemeinsames Programm und nur ein grobes Ziel: Die Freiheit des Internets. Und man kannte einander nicht – ein Umstand, der bei Personenwahlen immer wieder zu Problemen führen würde.

Mein erster Parteitag

Nach der Wahl ist vor der Wahl: Im Frühjahr 2010 sollte die Landtagswahl in Nordrhein-Westfalen stattfinden. Natürlich wollten Piraten zu dieser Wahl ebenfalls antreten. Und so besuchte ich meinen ersten Landesparteitag der Piratenpartei: Am 7. und 8. November 2009 in Gelsenkirchen auf Schalke.

Der Piratenparteitag war für mich ein faszinierendes Ereignis: Wie ein Stammtisch, nur sehr viel größer, eine Art großes Klassentreffen von Leuten, die man sonst allenfalls über das Internet kannte, und nur zu solchen Gelegenheiten überhaupt im „echten Leben“ persönlich treffen konnte. Die Beschäftigung mit Anträgen oder innerparteilichen Wahlen war oft nur Nebensache.

Ich lernte die Rituale eines Parteitages kennen: Wahlen zur Versammlungsleitung, Geschäftsordnungsanträge, die man mit zwei erhobenen Armen anzeigte, Rednerschlangen mit Argumenten, die sich endlos wiederholten, Anträge auf Begrenzung der Redezeit, Schließung der Redeliste und Formale Gegenrede. Ritualhafte Fragen, ob die Kandidaten einer Wahl genug Zeit gehabt hatten, sich der Versammlung vorzustellen, weil irgendjemand gehört hatte, zu wenig Zeit zur Vorstellung zu geben wäre später ein Anfechtungsgrund. Parteitage waren unfassbar chaotisch und bisweilen unfassbar komisch, größtenteils unstrukturiert, die Teilnehmer unvorbereitet. Da es kein Delegiertensystem gibt, konnte jeder zu einem Parteitag kommen und direkt mitbestimmen. Das führte dazu, dass eine gewisse Zeit- und Geldelite sich die Freiheit nehmen konnte, zu Parteitagen zu fahren – und eine Handvoll komischer Kauze, die zur allgemeinen Erheiterung oder zur allgemeinen Entrüstung immer wieder auftauchten und für alle möglichen Positionen kandidierten.

Besonders faszinierte mich jedoch auf meinem ersten Parteitag *Twitter*: Neben der Debatte, der Rede und Widerrede an den Mikrophonen im Saal entspann sich eine zweite, vielstimmige, unsichtbare Debatte auf *Twitter*. Unter dem Hashtag #LMVNRW (für Landesmitgliederversammlung Nordrhein-Westfalen) diskutierten An- und Abwesende über den Parteitag, über Anträge, Kandidaten und Redebeiträge. Dabei ging es in den 140 Zeichen eines Tweets oft sehr viel schärfer, pointierter und polarisierender zur Sache. Da war plötzlich eine zweite, unsichtbare, elektronische Diskussionsebene neben der öffentlichen.

Twitter, der elektronische Kurznachrichtendienst, war in den ersten Jahren eine Piratendomäne: Die meisten deutschsprachigen politischen Tweets kamen von Piraten. In ganz kurzer Zeit konnten so relevante Informationen innerhalb der Piratenblase unter den Nutzern, die einander folgten, verteilt werden. Und auch nicht ganz so relevante Nachrichten: Katzenbilder und dumme Sprüche, Aufreger und Gerüchte. Geteilt wurde, was emotional ansprach: Und so ist *Twitter* bis heute der ideale Empörungsverstärker.

Ein „Shitstorm" ist ein Hagel von negativen Nachrichten, der sich anlässlich eines solchen Aufregers über jemanden ergießen kann – ich selbst habe mehr als einen Shitstorm abbekommen. Die Zeichenbegrenzung auf 140 Zeichen bei einem Tweet sorgt dafür, dass alle Aussagen immer schlagzeilenartig verschärft werden müssen, und der Kontext eines Tweets geht beim Weiterverteilen verloren. Zwischentöne können nicht transportiert werden – Tweets können gründlich missverstanden werden. *Twitter* ist daher für Diskussionen gänzlich ungeeignet, dennoch probiert man es immer wieder.

Ich las die Nachrichten mit, die mit dem Parteitags-Hashtag gekennzeichnet waren, war angefixt, und richtete mir einen politischen *Twitter*-Account ein: @netnrd war geboren. Er sollte sich zu meinem wesentlichen Sprachrohr entwickeln. Trotz aller Nachteile ist er das bis heute, es „folgen" mir mittlerweile etwa 15.000 Leser.

Und eine weitere Premiere gab es: Ich kandidierte zum ersten Mal für etwas. Auf meinem ersten Parteitag aller Zeiten kandidierte ich für einen Listenplatz der Piratenpartei. Vollkommen unvorbereitet, aus Neugier stellte ich mich vor, und wurde auf Position 42 gewählt. Da die Liste mit Platz 20 beendet wurde, war ich also nicht nominiert.

Kandidieren konnte jeder, der mochte. Voraussetzungen waren nicht nötig, dementsprechend gab es viele Kandidaten. Die wenigsten hatten sich Gedanken darüber gemacht, was sie sagen wollten. Man kandidierte nicht für einen bestimmten Listenplatz, wie das in anderen Parteien üblich ist, alleine die Anzahl abgegebener Ja-Stimmen für einen Kandidaten bestimmte seine Position auf der Liste.

Und hier zeigte sich erstmals das Problem des informellen Netzwerkens. Da die allermeisten Anwesenden noch nie auf einem Parteitag gewesen waren und höchstens einige Mitglieder ihres lokalen Stammtisches kannten, waren die Kandidaten für die Mehrzahl der Anwesenden unbekannt. Wen also sollte man wählen?

Natürlich stimmte man bevorzugt für die Leute, die man persönlich vom eigenen Stammtisch kannte, danach für diejenigen, deren Redeperformance am besten war. Auf Platz 1 der nordrhein-westfälischen Landesliste 2010 landete mein späterer Fraktionskollege Nico Kern, der zuvor unter großem Zeiteinsatz viele Stammtische in NRW abgetingelt und damit Sichtbarkeit hergestellt hatte – auf Platz 2 kam Hans Immanuel Herbers, der als einstiger Mitgründer der Grünen und als gelernter Pfarrer besonders eindrücklich politisch reden konnte. Natürlich spielte auch der Ort des Parteitages eine Rolle: Nahegelegene Kreise waren stärker vertreten, mit ihnen hatten die dortigen Kandidaten die Oberhand. Mit Qualifikation, mit politischer Bildung, mit Einsatz für die Partei, mit politischer Ausrichtung oder gar parlamentarischer Eignung hatte diese Auswahl nichts zu tun.

Und so blieb das bei der Piratenpartei, über Jahre hinweg: Eine eher zufällige Zusammensetzung auf einem Parteitag, sehr stark abhängig vom Tagungsort, bestimmte die Wahlen. Die Anwesenden, die einander oftmals nicht kannten, wählten für sie ebenfalls unbekannte Kandidaten in Ämter und auf Mandatslisten nach deren Performance in ihrer jeweiligen Vorstellungsrede – oder nach Sympathie. Oder sie wählten eben die einzigen Kandidaten, die ihnen bekannt waren, gemäß der Wirksamkeit der jeweiligen informellen Netzwerke.

Dieses System wird bis heute erbittert verteidigt. Interessanterweise meist mit dem Argument der Basisdemokratie: Es soll jedes Parteimitglied auch auf Parteitagen unmittelbar politisch wirksam sein können. Indem man sich gegen Bevormundung und Top-Down-Organisation ausspricht, macht man etwas viel schlimmeres: Man erhält eine informelle Bevormundung und eine Top-Down-Struktur informeller Netzwerke.

Mit dem Argument, jeder müsse teilhaben dürfen, lässt man nur eine kleine Geld- und Zeitelite entscheiden, die es sich leisten kann, zu Parteitagen zu fahren oder auf Stammtische zu touren. Proporz, Berücksichtigung der Mitgliederstruktur, von Strömungen oder Regionen: Fehlanzeige.

2010

„Birds Song Among Ripe Loquats", "The Litchies Are Red", "Lovelier Than Spring" oder "Mountain Blossoms" – jeder aus unserer Familie, und auch jeder Gast, der das Ferienhaus in Italien jemals besucht hat, kennt die Bedeutung dieser Sprüche. Die Großeltern hatten Blätter aus einem kitschig-schönen Kalender mit chinesischen Zeichnungen im Gästebad an die Kacheln geklebt. Und weil jeder die Gästetoilette besuchte, bekam sie jeder täglich zu Gesicht, wenn er auf dem Topf sitzend die Wand des Raumes studierte.

Trotz des unglaublichen Kitsches, den sie darstellten, und der völligen Zusammenhanglosigkeit zu Italien und der Gegend, in der das Haus stand, gehörten diese Bilder für uns einfach dazu. Die hellblauen 70er Jahre-Kacheln, mit denen der Raum beim Wiederaufbau und Ausbau des zuvor verlassenen und verfallenen Hauses ausgestattet wurde, konnten jedenfalls nur gewinnen.

Plötzlich Politiker

Ich wurde dann doch noch Wahlkandidat für die Piratenpartei Deutschland: Ich kandidierte als Direktkandidat im Wahlkreis Köln II für die Landtagswahl 2010. Das ist der Kölner Westen, ein eher schwarzer, konservativer Bereich – umfasst er zwar die Universität, aber eben auch die saturierten westlichen Kölner Vororte.

Bekanntlich hat man bei den meisten Wahlen zwei Stimmen: Eine Stimme für die Landesliste der Partei, die „Zweitstimme" genannt wird, aber eben auch die „Erststimme", mit der man einen Kandidaten direkt in den Landtag wählen kann. Da hier die einfache Mehrheit entscheidet, ist es so gut wie ausgeschlossen, als Bewerber einer kleinen Partei direkt gewählt zu werden. Eine Kandidatur war also objektiv aussichtslos.

Die nordrhein-westfälischen Piraten hatten sich aber dennoch entschlossen, in möglichst jedem Wahlkreis Direktkandidaten aufzustellen: Es war bekannt, dass Parteien, die auch mit einem Direktkandidaten auf dem Wahlzettel auftauchen, auch in der Zweitstimmenwahl mehr Stimmen erhalten. Und schon damals war uns klar, dass man langfristig nur ernst genommen werden wird, wenn man auch in der Fläche präsent ist und auch regionale Politik macht. Man wird glaubwürdiger und wirkt dauerhafter.

Doch zunächst mussten wir zur Wahl zugelassen werden. Dazu galt es für die Landesliste 1000 Unterschriften von Wahlberechtigten in Nordrhein-Westfalen zu sammeln – und 100 Unterschriften für jeden Direktkandidaten, und zwar aus dem jeweiligen Wahlkreis.

Eine logistische Herausforderung: Jede Unterschrift musste eigenhändig auf einem zuvor vom Wahlamt abgestempelten Formular erfolgen, und vom jeweiligen Heimat-Bezirksamt des Unterstützers beglaubigt werden. War die Schrift unleserlich, fehlten Hausnummer oder Geburtsdatum, oder war die Person in NRW nicht wahlberechtigt, so war die Unterstützung nicht gültig.

Ich tingelte also durch meine Nachbarschaft und sammelte Unterschriften. Und fast überall musste ich erst mal erklären, worum es überhaupt geht, was die Piraten überhaupt wollen.

Als zentrale Fragestellung hörte ich damals schon, dass nicht bekannt sei, wofür die Piraten überhaupt stehen. Der Slogan „Freies Internet" alleine reichte nicht aus – eine politische Positionierung im klassischen Sinne hätte man sich schon gewünscht, bekam ich zu hören. Aber man war gewillt, den Neuankömmlingen eine Chance zu geben und sie mit Vorschussvertrauen auszustatten. Die Unzufriedenheit mit den etablierten Parteien war damals mit den Händen zu greifen. Wollten auch zu dem Zeitpunkt nur sehr wenige ihr Kreuzchen tatsächlich schon bei Piraten machen, so wünschte man mir doch allseits Glück und viel Erfolg.

Wahlkampf ist die Zeit der platten Füße: Ich habe alle Briefkästen meines gesamten Heimatstadtviertels Köln-Widdersdorf mit Piraten-Flyern bestückt, und auch viele Straßenzüge angrenzender Stadtbezirke. Es mussten Plakate aufgehängt werden, und selbst klassische Wahlkampfstände wurden aufgebaut: Bei Piraten meist improvisiert, mit Bollerwagen und Klapptisch, verteilten auch wir Prospekte, Kugelschreiber, Feuerzeuge und Ballons. Besonders beliebt waren Modellierballons, aus denen Piratensäbel geknotet werden konnten.

Zur gleichen Zeit startete ich auch meinem Internet-Blog. Ich wollte es richtig machen: Es war mir klar, dass wir auf der Straße niemals genug Sichtbarkeit für alle Wähler werden herstellen können, es war nötig, einen Teil des Wahlkampfes auch im Internet zu führen, und zwar so, dass er eine Chance hat, außerhalb der klassischen Piratenblase aufzufallen. Im Internet, aber eben auch für nicht so Internet-affine Menschen auffindbar, darin die Grundlagen der Fragestellungen vermittelnd, mit denen wir uns befassen. So wollte ich meinen Blog schreiben: Die vielen überwiegend technischen Probleme mit nachvollziehbaren Worten beschreiben.

Und so war ich plötzlich Politiker geworden, obwohl ich das damals noch nicht wahrhaben wollte. Das hatte ich niemals angestrebt. Mit dieser Bezeichnung fremdele ich bis heute. Oder vielleicht war ich auch einfach nur ein Krimineller: Burkhardt Müller-Sönksen, Mitglied des Bundestages und damals medienpolitischer Sprecher der FDP-Fraktion, erklärte in einer Bundestagsdebatte am 11. Juni 2010 noch folgendes:

> *"Wir beobachten daher seit einigen Monaten die Gründungsbemühungen einer Partei, die das Urheberrecht gänzlich infrage stellt, mit großer Sorge. Wer den Schutz geistigen Eigentums nicht anerkennt, der wird auch in anderen Bereichen vor Rechtsbrüchen nicht haltmachen."*

Man kann froh sein, dass sich diese Partei, von der er da spricht, nicht gegründet hat.

Kein Programm

Das Wahlprogramm für die Landtagswahl NRW 2010 beschlossen wir in zwei Parteitagen Ende 2009 und Anfang 2010. Schon damals hatte sich die Piratenpartei ein Programm gegeben, obwohl sie noch lange mit dem allgemeinen Vorwurf kämpfte, kein Programm zu haben. Doch das Programm – auf Landes- wie auf Bundesebene – hatte nie eine sinnvolle Struktur, war je nach Thema höchst unterschiedlich detailliert: Von feinsten Einzelfallregulierungen bis hin zu galaktisch-globalen Universalforderungen. Es steckten viele kluge Ideen darin – und überaus undurchdachte, schlampig formulierte Aussagen. Oft genug wurden Dinge gefordert, die längst Praxis waren, oder aber es fanden sich Regelungspunkte in Landesprogrammen, die reine Bundes- oder sogar Europathemen waren.

Entsprechend durcheinander war die Arbeitsstruktur innerhalb der Partei: Es gab Arbeitskreise auf Landes- und auf Bundesebene, weitgehend unvernetzt und unkoordiniert. Wer teilnehmen wollte, konnte das tun, wer selbst einen Arbeitskreis gründen wollte, tat das ebenso. Bisweilen beschäftigten sich mehrere Gruppen mit den gleichen Themen, was dann zu konkurrierenden Entwürfen führte. Es gab Gruppen, die diametral entgegengesetzte Positionen erarbeiteten. Ob ein folgender Parteitag die entsprechenden Positionen überhaupt zum Programm erhob oder verwarf, stand in den Sternen.

Die fehlende Struktur und Organisation der fachlichen Arbeit führten zu einer AG Waffenrecht, einer AG Nuklearia, die Atomenergie befürwortete, zwei konkurrierenden AGs, die sich für den Nichtraucherschutz und dagegen engagierten, sowie überaus fragwürdigen Geldsystem- und Friedenspolitik-AGs.

Überraschenderweise waren weder der Urheber- noch der Netzpolitik-Bereich dem Selbstverständnis der Piraten entsprechend detailliert. Arbeitsgruppen in diesen Bereichen bestanden nur zeitweise. Der Kenntnisbonus, den man uns als Partei verlieh, war der Tatsache geschuldet, dass die anderen Parteien in diesen Sektoren weit weniger vorzuweisen hatten als wir.

Die Entscheidung, ob die Piraten bei ihren „Kernthemen“ bleiben sollten, oder ob die Programmatik zu einem Vollprogramm komplettiert werden sollte, war damals im Grunde schon getroffen: Man wollte im Laufe der Zeit ein Vollprogramm aufbauen.

Doch eine Sache war den Piraten nicht klar: Im Grunde ist das Programm ziemlich nebensächlich. Es geht im Kern um ein Wertesystem, welches man damit transportieren möchte. Und das hat die Piratenpartei niemals vorzuweisen gehabt. Über die Ansätze dazu gab es niemals Konsens, oder allenfalls eine gefühlte, aber nie eine tatsächlich vorhandene Übereinstimmung.

Zu einem der Parteitage erwähnte eine Piratin am Mikrofon die Notwendigkeit, Feminismus als politisches Betätigungsfeld der Partei zu etablieren. Ich erinnere mich noch: Wir guckten uns gegenseitig entgeistert an. Auf diese Idee waren wir schlicht noch nicht gekommen. Es war in unserer Vorstellung einfach kein Problem: Das Geschlecht spielte in der Internetwelt keine Rolle, denn es war in der Regel unsichtbar. Von der allgegenwärtigen Diskriminierung war man als Mann nicht betroffen, diese nahm man gar nicht wahr. Die Frauen, die in unseren Reihen waren, fielen unter den Nerds nicht auf, die meisten waren daran gewöhnt und in aller Regel angepasst.

Es fand sich schnell eine Sprachregelung, die sich „Post-Gender" nannte: Man wolle die herkömmlichen Geschlechterrollen überwinden. Geschlecht sei eine Attribuierung, die man sich selbst aussuchen könne, und die nicht von biologischen oder gesellschaftlichen Merkmalen abhängig sein solle. Dieses sehr liberale Wunschbild wurde dann aber flugs zur Prämisse erklärt: Weil Piraten ja Post-Gender sind, ist Geschlechterpolitik von gestern. Und weil das Ziel zur Voraussetzung geworden ist, muss man sich mit Benachteiligung und Diskriminierung von Frauen nicht mehr auseinandersetzen. Wer dann noch Feminismus betreiben möchte, bevorzuge Frauen, benachteilige demnach Männer, und diskriminiere also seinerseits ein Geschlecht. Mit diesen Argumenten wurden beispielsweise Frauenquoten abgelehnt.

Alleine schon die Diskussion, ob man „Pirat" als „geschlechtsneutrale" Bezeichnung für männliche und weibliche Personen verwenden wolle, oder ob man „Piratin" als weibliche Bezeichnung durchgängig zulasse, war bezeichnend.

Die Probleme des tatsächlich existierenden Sexismus, der Diskriminierung und Benachteiligung von Frauen in der Gesellschaft und auch im Internet blieben in der Piratenpartei bis zum Schluss ungelöst. Eine erste Bruchlinie wurde erkennbar.

Die NRW-Strukturkriege

Und eine weitere Bruchlinie zeigte sich auf einem der Landesparteitage NRW im Februar 2010: Der zwischen Verfechtern des Crewsystems und des Kreisverbandssystems.

Crews waren eine Piratenerfindung: Kamen drei Piraten an einem Ort zusammen, konnten sie eine Crew bilden: Eine kleine lokale Zelle, die selbst Aktionen starten, sich einen regionalen oder thematischen Bezug geben, Stammtische, Infostände, Pressemitteilungen oder Arbeitskreise organisieren konnte. Dazu durfte sie eigenes Geld vom Landesverband beantragen.

Kamen weitere Piraten hinzu, konnten sie einer bestehenden Crew beitreten. Dazu musste man nicht mal Parteimitglied sein. Wurde die Crew größer als 7 Mitglieder, musste sie sich teilen.

Die Idee ist nicht schlecht: Es bedarf keiner vorhandenen Struktur, um loszulegen. Einfach ein paar Gleichgesinnte finden und machen! Zutrittsbarrieren gibt es nicht, neue Mitglieder werden unmittelbar eingebunden, und die kleinste Organisationszelle ist auf jeden Fall immer so klein, dass noch jeder Einzelne mitbestimmen und mitreden kann. Eine örtliche Zugehörigkeit ist nicht erforderlich, also konnten auch verstreute Mitglieder zusammenarbeiten, denn selbstverständlich konnte sich eine Crew auch über das Internet verabreden. Wächst die Crew weiter, dient sie durch die dann stattfindende Zellteilung der weiteren Verbreitung.

So war die Crew die ideale Organisationsform der stürmischen Wachstumszeit, solange es keine gefestigten Organisationen gab, viele Neumitglieder zu integrieren waren und Piraten einzeln verstreut über das ganze Land waren; und auch wenn es darum ging, möglichst unkompliziert mit Aktionen zu beginnen.

Das Prinzip funktionierte aber nicht überall und nicht an jedem Ort und in jeder Phase. In einer Stadt wie Köln war die Größe einer einzelnen Crew schnell überschritten, Schwerpunkte in verschiedenen Stadtvierteln bildeten sich jedoch nicht heraus: Die Kölner zogen es vor, sich zentral an einem Ort zu treffen, dem Kölner Stammtisch. Von hier aus wollten sie Aktionen planen und den anstehenden Landtagswahlkampf organisieren. Zentrale Ansprechpartner für die Presse sollte es geben und eine Autonomie über das in Köln in den Wahlkampf zu investierende Geld – auch wenn das nicht allzu viel war. Und die mit der Organisation von Crews einhergehende Bürokratie schreckte ab.

Piraten neigen zur Technokratie. Tooldiskussionen können die gesamte Energie auffressen. Form und Struktur werden für wichtiger als der Inhalt gehalten – oft ersetzen sie ihn sogar. Piraten beherrschen dieses Prinzip meisterhaft.

Und Piraten misstrauen Autoritäten. Machtkonzentrationen verabscheuen sie. Dabei spielte es keine Rolle, ob die Konzentration zur Ermöglichung von Entscheidungsprozessen hilfreich, und von allen unmittelbar Beteiligten so gewünscht war – die Konzentration von Entscheidungsmacht auf einzelne Personen oder ein kleines Gremium galt grundsätzlich als von Übel. Regionale Untergliederungen unterhalb des Landesverbandes NRW, wie etwa Kreis- oder Bezirksverbände, wurden von einem gewissen Teil der NRW-Piraten strikt abgelehnt.

Stattdessen wurde eine „Crewordnung“ verfasst, die die Aufgaben einer Crew bis ins kleinste regelte. Es wurde festgelegt, dass alle halbe Jahre zwei neue Crewsprecher zu bestimmen waren – die alten durften nicht wiedergewählt werden. Protokolle waren schriftlich zu verfassen, mussten von zwei Beteiligten unterzeichnet und über eine Mailingliste veröffentlicht werden – Treffen mussten in regelmäßigen Abständen durchgeführt werden und rechtzeitig vorher schriftlich angekündigt sein. All das schrieb die Satzung fest – hielt sich die Crew nicht daran, galt sie als aufgelöst. Ein unerträglicher Wust an Formalismen – aber wer davon abweichen wollte, galt als Hinterzimmerpolitiker und Feind der selbstverordneten Transparenz und Offenheit.

Da Crews über ein festes Budget verfügten, waren die sorgfältige Orchestrierung von Crews auf der jeweiligen Mindestmitgliederzahl und dann deren gemeinsame Koordinierung an manchen Orten perfektioniert, um das Maximum an Budget herauszuholen.

Dieses Misstrauen gegen Führung, gegen Verantwortungskonzentration und -übernahme zieht sich wie ein roter Faden durch die Piratenpartei, und gerade die NRW-Piraten waren darin Meister. Positionen wurden zeitlich möglichst kurz befristet besetzt, höchst sensibel beäugt und kritisch begleitet. Grundsätzlich wurden den soeben gewählten Vorständen finsterste Eigenmotive unterstellt – obwohl alle Vorstände der Piratenpartei bis heute ehrenamtlich arbeiten und es nichts zu gewinnen oder verdienen gibt.

Die Crew-Verfechter waren zu Beginn des Jahres 2010 in der Mehrheit, und waren auch im Landesvorstand NRW in der Überzahl. Und so beschloss man auf Antrag meines späteren Fraktionskollegen, des Hagener Polizeibeamten

Dirk Schatz, auf dem Parteitag der NRW-Piraten Ende Februar 2010 in einem Antrag mit der Nummer U08, Neugründungen von Untergliederungen unterhalb der Landesverbandsebene für ein halbes Jahr generell zu verbieten. Den zwei bereits bestehenden Kreisverbänden in NRW wurden die Finanzmittel entzogen.

Andere, gerade in Gründung befindliche Kreisverbände waren paralysiert – dazu zählte zu diesem Zeitpunkt auch der Stammtisch Köln, und das rund zwei Monate vor der anstehenden Landtagswahl. Der Wahlkampf musste an diesen Orten ohne Organisation und ohne zentrale Ansprechpartner durchgeführt werden – und so gut war er dann auch. Dies war eines der vielen Beispiele, wie sich Piraten durch Organisationskonfusion bei Wahlkämpfen oder anderen Gelegenheiten selbst im Weg standen – es sollten noch viele weitere folgen.

Am 9. Mai 2010 fanden die NRW-Landtagswahlen statt. Mit 1,6% Zweitstimmenanteil war das Wahlergebnis nicht berauschend. Köln lag mit 2% zwar im überdurchschnittlichen Bereich, die Bilanz war aber angesichts des städtischen, jungen und studentischen Wählerpotentials eher enttäuschend. Die Wahl war insofern dennoch spannend, als sie keine klare Mehrheit für rotgrün oder schwarzgelb lieferte – Ministerpräsidentin Kraft musste eine Regierung aus SPD und Grünen ohne eigene Mehrheit bilden, die zu jedem Thema auf Tolerierung aus einer der Oppositionsparteien LINKE, FDP oder CDU angewiesen war. Eigentlich ist das eine traumhaft spannende Politik-Konstellation, die thematische Bündnisse und damit eine Politik abseits des klassischen Spiels zwischen Regierung und Opposition ermöglicht. Die Situation im nordrhein-westfälischen Parlament mit einer Minderheitsregierung sollte später für uns noch plötzlich sehr wichtig werden.

Personenwahlen als Parteitagssimulation

Eine Woche nach der Wahl in NRW fand der erste Bundesparteitag der Piratenpartei statt, an dem ich teilnahm. Am 15. und 16. Mai wurde er in einer zugigen, großen Halle in Bingen am Rhein abgehalten. Und er war eine Katastrophe, in jeder Hinsicht.

Die Amtszeit eines Bundesvorstandes der Piratenpartei beträgt bis heute nicht mehr als ein Jahr, auch dies ist ein Ausdruck des generellen Misstrauens, welches die Piraten ihrem eigenen Führungspersonal entgegenbringen. Gleichzeitig hält es nur ein kleiner Teil überhaupt länger als dieses eine Jahr aus, es zeigt sich, dass eine erhebliche Dickfelligkeit notwendig ist, in diesem Job für eine längere Zeit zu bestehen. Da aber jeder auf die Bühne springen und kandidieren kann – auch spontan vor Ort – sind manchmal bis zu zehn Kandidaten für eine Position vorhanden gewesen. Jedem von ihnen muss ausreichend Zeit zur Vorstellung eingeräumt werden – und jedem müssen auch Fragen gestellt werden können. Dies führte zu endlosen Vorstellungsrunden und zu ewig langen Schlangen vor den Mikrophonen mit teils peinlichen Befragungen. Unter Piraten wurde dieser Prozess „Grillen" genannt – die Kandidaten kamen auf den Rost und wurden von ihren innerparteilichen Gegnern verbal in die Zange genommen. Eine frustrierende Prozedur. Langwieriger wurde es auch hier, da wegen des zeitweise explosionsartigen Wachstums die meisten Besucher einander nicht kannten, und damit auch nicht die zur Wahl stehenden Kandidaten.

Die gesamten zwei Tage des Bundesparteitagswochenendes in Bingen wurden mit Personenwahlen verbraucht, eine unfassbare Verschwendung sowohl von Geld der Partei und ihrer Mitglieder als auch der Zeit von über 700 Anwesenden. Programmatische Beschlüsse gab es keine. Man merkte, dass die Organisation des Parteitages durch das explosive Wachstum der Mitgliederzahl vollkommen überfordert gewesen war. Die Parteitage platzten gewissermaßen aus ihren Nähten, auch wenn es nicht an der reinen Raumsituation lag.

So ist es bis heute in Bundes- und Landesverbänden der Piraten geblieben: Ein Parteitagswochenende pro Jahr wird fast vollständig einer Vorstandswahl geopfert. Mit etwas Glück können am Sonntagnachmittag noch einige dringend erforderliche Satzungsänderungen oder Finanzfragen geklärt werden, und dann fahren alle wieder nach Hause. Dennoch hält man diese Personenwahlen für eine genuin politische Entscheidung, selbst wenn kein Vorstand in der Partei jemals willens oder in der Lage gewesen war, politisch tätig zu werden.

Die Piratenpartei wünscht sich verwaltende Vorstände, denn sie wählt immer wieder entsprechende Personen in diese Ämter. Die Presse war es natürlich irgendwann leid, Vorstände der Piratenpartei nach politischen Meinungen zu fragen, wenn sich niemand traute oder in der Lage war, diese auch zu formulieren. War die Beschlusslage nicht eindeutig, hatten Piraten „noch keine Meinung dazu“, so war die bevorzugte Antwort der Piratenvorstände auf politische Fragen. So blieb der Vorstand stets Chef der Verwaltung, sowohl im Land als auch im Bund – oder gleich selbst Teil der Verwaltung in Person.

Diese Vorstände, diese Wahlparteitage waren Teil einer Simulation. Piraten spielten Partei, und zwar so, wie sie sich Parteipolitik als Zuschauer von außen vorstellten. Sie schufen Ämter und wohlklingende Titel wie „politischer Geschäftsführer“ und „Generalsekretär“, die mit den entsprechenden Aufgaben, wie man sie aus anderen Parteien kannte, aber so rein gar nichts gemein hatten.

Allenfalls der zweite Parteitag im Jahr konnte der Entwicklung von politischen Positionen dienen, wenn er nicht durch den Beschluss von Wahlprogrammen, Listenaufstellungen zu Bundes- oder Landtagswahlen oder vorgezogenen Vorstandswahlen blockiert wurde – oder gleich dem Spardiktat zum Opfer fiel. Die grundsätzlichen Probleme endloser Diskussionen, fehlender Vorbereitung und destruktiver Kultur des innerparteilichen Umgangs trafen auch hier zu.

Einen zweiten, symptomatischen Fehler (die Piraten hätten „Fail" gesagt) beging man auch noch in Bingen: Man mietete ein Partyschiff für den Samstagabend an. Dazu konnte man sich zuvor rein unverbindlich anmelden – bezahlt wurde erst an Bord. Natürlich wurde das Partyschiff ein finanzielles Desaster, da zu wenige zahlende Gäste kamen – man hätte auf Vorkasse bestehen müssen.

Dieses Vorgehen ist exemplarisch: Der Umgang mit Geld innerhalb der Piratenpartei blieb unprofessionell und wurde überwiegend von Ehrenamtlern erledigt, deren Einsatz für die Sache stark schwankte. Die Organisation wurde der gewachsenen Größe nie wirklich angepasst. Rechnungsprüfer berichteten von Schuhkartons mit Quittungen, Mitglieder erhielten im Wahlkampf vorgelegte Kosten monatelang nicht zurückerstattet, Spendenquittungen wurden nicht ausgehändigt. Kein Wunder, dass die Spendenbereitschaft unter diesen Bedingungen gering blieb. Die Verbuchung von Zahlungen und Belegen hinkte bisweilen ein ganzes Jahr hinterher, und zweckgebundene Gelder fanden nicht ihr Ziel. Mehr als einmal war die rechtzeitige Abgabe von Rechenschaftsberichten an die Bundestagsverwaltung, welche Voraussetzung für die Auszahlung der gesetzlichen Parteienfinanzierung ist, ungewiss. Ein professioneller eigener Wirtschaftsbetrieb, eine funktionierende parteinahe Stiftung wurde nie erfolgreich etabliert. Dass man für diese Organisation professionelle, erfahrene und bezahlte Kräfte braucht, die verlässlich und regelmäßig arbeiten, konnte sich als Erkenntnis nicht durchsetzen.

Der Kreisverband Köln

Am 31. August 2010 gründeten wir unseren Kreisverband in Köln. Zuvor war das Verbot ausgelaufen, Untergliederungen zu gründen, welches auf 6 Monate befristet war. Vermutlich hatten die Verfechter des Crew-Prinzips geplant, innerhalb dieser Zeitspanne einen Folge-Parteitag einzuberufen, um endgültige Fakten zu schaffen, was dann aber nicht geschah. Also schufen wir unsere eigenen. Darlegen, warum die Gründung eines Kreisverbandes an einem Ort ein funktionierendes Crewsystem in einer anderen Region stören könne, konnte ohnehin niemand.

Ich wurde erster Vorsitzender des Vorstandes, und blieb das bis 2013. Gefragt hatte ich nach diesem Amt niemals, es gingen alle irgendwie davon aus, dass ich das schon machen würde, und es gab keine Gegenkandidaten. Ich wurde mit lediglich einer Gegenstimme gewählt. Das schmeichelte meinem Ego natürlich, also nahm ich diese Position an. Ich bin kein Organisationstalent, ich habe meine Rolle immer als vertretende nach innen und außen gesehen – inklusive der Pressearbeit, dem Setzen politischer Impulse und der Integration aller Mitglieder. Mir ist das Letztere allerdings nicht gelungen, zumindest nicht mehr gegen Ende meiner Amtszeit. In „meinem“ Kreisverband habe ich mich sehr wohl gefühlt, bis es dann schließlich eine Konfrontation gab, die ich nicht überstand.

Doch vorher waren wir in Köln nach innen eine Einheit. Stammtische und Arbeitskreise verliefen lange harmonisch. Köln war mit in der Spitze über 500 Mitgliedern der größte Kreisverband Nordrhein-Westfalens, vermutlich sogar bundesweit – nach Mitgliedern größer jedenfalls als mancher Landesverband wie Brandenburg oder das Saarland. Allerdings lag die Quote aktiver Mitglieder auch bei uns nur im Durchschnitt bei etwa 10%, von den meisten Mitgliedern sah und hörte man nichts. Immerhin erlaubte uns die Kreisverbands-Struktur, sie alle anzusprechen – mit Hinweis auf den Datenschutz konnte zuvor niemand Zugriff auf die Mitgliederdaten unserer Stadt nehmen, da der Landesverband diese nicht herausgab.

Datenschutz und Privatsphäre sind ein hohes Gut der Piratenpartei. Der Umgang mit den Daten der eigenen Mitglieder war darin keine Ausnahme, stand jedoch der politischen Arbeit im Weg: Wollte man Informationen allen Mitgliedern zukommen lassen, wurde sofort gemutmaßt, die Mitglieder würden das als unerwünschten Spam werten, und es wurde auf die ansonsten vorhandenen Mailinglisten verwiesen, die die Mitglieder ja bei Interesse abonnieren konnten. Auf Adresslisten hatte außerhalb des Landesvorstands niemand Zugriff. So war es vor der Kreisverbandsgründung unmöglich, sich lokal zu vernetzen, Umfragen durchzuführen, Neumitglieder anzusprechen, oder alle Mitglieder auf interessante Aktionen hinzuweisen, sofern diese sich nicht zuvor in einer passenden Mailingliste selbst eingetragen hatten. Dieser teils paranoide Umgang mit den Daten der eigenen Mitglieder prägt die Piratenpartei bis heute. Dabei ist es eigentlich eine Selbstverständlichkeit, seine Mitglieder in regelmäßigen Abständen mit einem Politikbrief zu informieren – das ist dann kein Spam, sondern die Offerte, politische Teilhabe und politische Willensbildung der Mitglieder zu ermöglichen, welches schließlich beides zentrale Aufgaben einer politischen Partei sind. Immerhin konnten wir nach der Kreisverbandsgründung unsere Kölner Mitglieder erreichen, auch wenn wir uns insgesamt von dieser übertriebenen Vorsicht haben anstecken lassen.

Mehrere andere Kreise gründeten damals ebenfalls Kreisverbände. Damit waren die nordrhein-westfälischen Strukturkriege der Piratenpartei aber noch nicht ausgestanden. Zwei Gruppen arbeiteten zu dieser Zeit parallel an neuen Satzungsentwürfen: Die Crew-Vertreter sowie die, die auch Kreisverbände ermöglichen wollten. Die zugehörigen Diskussionen wurden im Vorfeld mit allen Mitteln geführt: Jurismus auf allen Ebenen, überall mutmaßte man Verstöße gegen Parteiengesetz, es gab Vorwürfe von Hinterzimmer-Politik und Polit-U-Booten und vieles derartige mehr.

Ich erhielt von meinem späteren Fraktionskollegen Frank Herrmann in der Zeit dieser Auseinandersetzungen eine Email zugesandt. Er war Teil der Crew-Vertreter und arbeitete an einem entsprechenden Satzungsneuentwurf. In dieser Email, die er an mich persönlich adressierte, verwies er auf einen vermeintlichen Verstoß gegen das Parteienfinanzierungsgesetz durch unseren Kreisverband. Wenn ich mich in der Debatte nicht zurücknehmen würde, so drohte er mir, würde er mir diesen Punkt persönlich anhängen.

Ich habe diese Drohung damals auf der Mailingliste öffentlich gemacht, auf der die Debatte geführt wurde. An dem Finanzproblem war nichts dran, doch es zeigt, mit welchen Mitteln diese innerparteiliche Auseinandersetzung geführt worden ist.

Das ganze fand seinen vorläufigen Höhepunkt in einem epischen Parteitag am 23. und 24. Oktober 2010 in Korschenbroich, an dem die beiden Satzungsentwürfe dem Landesverband zur Abstimmung vorlagen.

Satzungsänderungen, das muss man wissen, benötigen eine Zweidrittel-Mehrheit. Und es kam, wie es kommen musste: Keiner der beiden Entwürfe konnte eine ausreichende Mitgliederzahl auf sich vereinen. Damit war der Parteitag paralysiert. Er wurde vorzeitig beendet, und der verbleibende Rest des Tages wurde für eine moderierte Runde der beteiligten Protagonisten und interessierten Parteitagsbesuchern im Stuhlkreis verwendet, um die verhärteten Fronten aufzuweichen. Dieser Kreis wurde später als „Korschenbroicher Kuschelkreis“ bezeichnet und in mehreren moderierten Runden fortgeführt, die allerdings alles andere als kuschelig waren.

Noch mehr als zwei Jahre war der Landesverband NRW überwiegend mit dem Erstellen und Ändern seiner Satzung befasst. Die meisten Parteitagswochenenden wendeten Stunden oder ganze Tage auf diese Punkte auf. Die ganze Arbeit erwies sich insbesondere deshalb als außerordentlich zäh, weil sie sehr überwiegend von juristischen Laien mit rudimentären Kenntnissen über Vereins- und Parteienrecht, aber umso stärkerer Überzeugung ihrer eigenen Fähigkeiten durchgeführt wurde. Dunning und Kruger hätten ihre wahre Freude an den nordrhein-westfälischen Piraten gehabt.

Es manifestierte sich in den Entwürfen die permanente Sorge, an einer beliebigen Stelle könnte zu viel Macht und zu wenig Kontrolle implementiert sein. Auf die Idee einer Ex-Post-Regulierung kam niemand, alles sollte schon vorher durchdacht und jede Eventualität vorhergesehen sein. Bürokratische Alpträume entstanden. Form ersetzte Inhalt. Ich habe mich aus dieser ganzen Diskussion dann mehr und mehr herausgezogen.

Der Jugendmedienschutz-Staatsvertrag

Kultur und Medien sind legislative Aufgaben der Bundesländer, wie beispielsweise auch der Bereich der Bildung. Die Länder haben hier eine weitgehende alleinige Regelungskompetenz. Nichts desto trotz gibt es Punkte, bei denen es sinnvoll ist, dass sie durch die Bundesländer einheitlich normiert werden. Dazu gibt es das Konstrukt des Staatsvertrages: Die Regierungen der Bundesländer verabreden eine gemeinsame Regelung, oft unter der Federführung eines Bundeslandes, die dann von allen Parlamenten der Bundesländer ratifiziert wird.

An dieser Konstruktion kann man grundlegende Kritik äußern: Die Landesparlamente bekommen den Staatsvertrag erst dann zur Befassung vorgelegt, wenn er unterschriftsreif ist. Eine inhaltliche Beratung ist dann nicht mehr möglich, er ist nur noch als Ganzes anzunehmen oder abzulehnen. Das widerspricht den üblichen, sonstigen legislativen Prozessen, denn jedes andere Gesetz kann durch das Parlament geändert werden, bevor es ihm zustimmt. Das ist hier nicht möglich.

Im Herbst 2010 wurde über den Jugendmedienschutz-Staatsvertrag (JMStV) diskutiert. Es geht um den Schutz von Kindern und Jugendlichen vor „entwicklungsbeeinträchtigenden" Medien, zum Beispiel Spiele, Filme, Bilder und Literatur, im Fernsehen und Radio. Die zuvor bestehende Regelung stammte aus der Vor-Internet-Zeit: Möglicherweise jugendgefährdende Inhalte dürfen Jugendlichen nicht zugänglich gemacht werden, im Fernsehen zum Beispiel nur nach 22 Uhr gezeigt werden, und müssen mit entsprechenden Warnhinweisen versehen werden.

Ein Entwurf wurde vorgelegt, der die bisherigen Regelungen auch auf das Internet ausweiten sollte: Dazu war ein kompliziertes System aus Selbsteinstufung der Internetinhalte durch ihre Anbieter in Altersklassen, die Kennzeichnung sowie der Einsatz von Filtern vorgesehen. Die Internetgemeinde lief Sturm: Rechtliche Unsicherheiten und damit neue Felder von Abmahngefahren taten sich auf. Webmaster würden aus Vorsicht die höchste Alterseinstufung vornehmen müssen, womit ein „Overblocking"-Effekt eintreten werden würde, es würden also mehr Inhalte gesperrt als notwendig. Eine nationale Regelung ginge am Wesen des Internets vollkommen vorbei. Zugleich wären alle Filterlösungen immer lückenhaft, würden von den Kindern umgangen werden können, würden die Eltern in technischer Hinsicht überfordern, und wögen sie gleichzeitig in trügerischer vermeintlicher Sicherheit. Zu den erforderlichen Maßnahmen zur Vermittlung von Fähigkeiten der Medienbildung und Medienkritik für Kinder, Eltern und Lehrer hingegen, die so viel sinnvoller und notwendiger gewesen wären, schwieg sich der Staatsvertrag aus.

Wie schon zuvor mit den Zensurversuchen durch die Stoppschilder drohte hier eine technisch undurchdachte Lösung gegen jeden Rat der fachlichen Experten Gesetz zu werden, gegen die Empfehlung sowohl der Experten aus IT und Technik als auch aus der Bildungsperspektive. Eine technische Lösung für ein gesellschaftliches Problem wurde angestrebt – ein Vorhaben, welches stets zum Scheitern verurteilt ist.

Hier war die Kernkompetenz von Piraten berührt. Und hier wurden wir erstmals als Fachleute auch aus den anderen Parteien heraus wahrgenommen. Im Oktober 2010 nahm ich auf Einladung des Kölner Jusos Daniel Bär an einer kleinen Expertenrunde in der Kölner SPD-Geschäftsstelle teil. Geladen waren neben einigen Netzaktiven und Jusos auch der NRW-Staatssekretär und damalige Vorsitzende der SPD-Medienkommission Dr. Marc Jan Eumann. Bis auf Herrn Eumann lehnten tatsächlich alle den vorliegenden JMStV-Entwurf ab, auch die SPD-Mitglieder.

Einige Wochen später fand ein ähnliches Gespräch im nordrhein-westfälischen Landtag statt. Eingeladen hatte der grüne Netzpolitiker und spätere Abgeordnetenkollege Matthi Bolte. Er suchte für die anstehende Plenardebatte und Ausschussanhörung Argumente gegen den Staatsvertragsentwurf. Die Grünen fanden sich im realpolitischen Dilemma wieder, in der Regierungskoalition an die SPD gebunden zu sein, die diesen Vertrag wollte, standen aber selbst offenbar nicht dahinter. Die Netzgemeinde machte sich über die drohenden „parlamentarischen Zwänge“ der Grünen bereits im Vorfeld lustig. Das war nicht das letzte

Mal, dass sich die Grünen im Land NRW in dieser misslichen Lage befanden. Und es war nicht das letzte Mal, dass die Netzpolitik diesen Zwängen geopfert zu werden drohte.

Gescheitert ist der damalige Vertragsentwurf der Bundesländer dann tatsächlich am nordrhein-westfälischen Parlament. Ich würde jetzt gerne behaupten, das hätte an der Wirkung unserer Bemühungen gelegen, der Grund dafür war jedoch ein sehr viel banalerer: Es lag an der Minderheitsregierung im Land. Obwohl die CDU in allen anderen Bundesländern für diesen Vertrag votierte, beschloss sie, in NRW dagegen zu stimmen. Sie konnte der Versuchung nicht widerstehen, der Minderheitsregierung eine Niederlage zu verpassen, obgleich der Staatsvertrag im Grunde auf ihrer Linie lag. Die Ablehnung eines Antrags, dem man inhaltlich grundsätzlich zustimmt, weil man dem Antragsteller einen Denkzettel verpassen möchte: Ein Symptom der parlamentarischen Politik, das wir später am eigenen Leib noch oft genug erleben durften.

2011

Im Garten des Ferienhauses auf dem Berg stehen zwei Feigenbäume. Es gibt nichts Süßeres als überreife Feigen, sonnenwarm direkt vom Baum. Was man an Feigen im Laden zu kaufen bekommt, kann man damit nicht vergleichen; eine vollkommen reife Feige übersteht den Transport nicht.

In manchen Jahren wurden die Feigen nicht reif, sie bleiben klein und geschmacklos. Ich habe nicht herausgefunden, warum, ob es womöglich an zu wenig Wasser im Sommer lag. Nur einer der beiden Bäume trug überhaupt Früchte. Auch in diesem Fall habe ich nie enträtseln können, warum. Sonne gab es jedenfalls immer genug.

Wenn die Feigen reif wurden, blieb ein ganz kurzes Zeitfenster, sie zu pflücken, denn bald platzten sie am Baum, und die Wespen machten sich über sie her. Dann summte und brummte es im ganzen Baum. Alle Feigen wurden nahezu gleichzeitig reif: Nach ein paar Tagen war die ganze Ernte vertilgt.

Richtungsentscheidung oder nicht?

Im Februar 2011 kandidierte ich als Vorsitzender der Landes-Piratenpartei NRW. Ich unterlag in der Abstimmung auf dem Parteitag meinem späteren Fraktionskollegen Michele Marsching. Rückblickend bin ich mehr als heilfroh, dass es so gekommen ist.

Ausgehend von der Schockstarre im Landesverband nach den Strukturkriegen und der Lähmung durch permanente Selbst- und Satzungsbeschäftigung hatte sich eine Gruppe von Leuten zusammengetan, um ein Team zu bilden, welches sich – aufgeteilt auf die verschiedenen Positionen – als Vorstand zur Wahl stellen wollte. Ich wurde gefragt, ob ich als Teil dieses Teams zum Vorsitzenden kandidieren würde. Und ich fühlte mich wieder gebauchpinselt, auch wenn ich zunächst lange zögerte. Also sagte ich zu.

Piraten reagieren außerordentlich allergisch auf Teamvorschläge zu Wahlen. Die Entscheidung, wen sie auf welche Position wählt, behält sich die Versammlung stets vor. Das führte dazu, dass Vorstandszusammensetzung nie nach praktischen Gründen erfolgte, zum Beispiel nach Proporz, nach der Frage, ob sich das Skillset der verschiedenen Vorstandsmitglieder sinnvoll ergänzt, oder ob sie im Team gemeinsam arbeiten können. Es entstanden oft dysfunktionale Teams, die in Fraktionen zerfielen oder einzelne Mitglieder ausgrenzten.

Es kam dann auch so: Von unserer kleinen Gruppe wurde nur mein späterer Fraktionskollege Kai Schmalenbach als stellvertretender Vorsitzender gewählt – und das vermutlich auch nur deswegen, weil es keinen Gegenkandidaten gab. Vermutlich hätte man lieber eine Kleiderpuppe gewählt, hätte sie gegen ihn kandidiert. Aufforderungen vor Ort, dass ich doch bitte nach meiner Niederlage als stellvertretender Vorsitzender kandidieren möge, habe ich abgelehnt, da ich schon im Vorfeld angekündigt hatte, nicht gegen meine Teamkollegen anzutreten.

Ich bin froh, nicht im Vorstand der Piratenpartei gewesen zu sein. Der Umgang mit Amts- und Mandatsträgern durch die Parteimitglieder ist mehr als rau, ich hätte das sicher nicht unbeschädigt überstanden. Ich durfte auch so im Verlauf meiner Mitgliedschaft bei den Piraten noch genug einstecken.

Aber wesentlich wichtiger als die Entscheidung zwischen Michele Marsching und mir in NRW war letztlich die zwischen Christopher Lauer und Sebastian Nerz auf Bundesebene.

Im Mai 2011 kandidierten Christopher Lauer und Sebastian Nerz für den Vorsitz der Piratenpartei Deutschland. Diese Personalie sollte zur Richtungsentscheidung der Piratenpartei werden. Zur Auswahl stand der Medienliebling Christopher Lauer, redegewandt, polarisierend und pöbelnd, aber mit der notwendigen Aufmerksamkeit versehen und einem Talent zur Selbstdarstellung, und auf der anderen Seite Sebastian Nerz, ein ehemaliges CDU-Mitglied, blass und farblos, aber berechenbar und verlässlich, der sicher keine Extratouren veranstalten würde. Vor allen Dingen war von Nerz keine Überraschung zu erwarten. Die beiden verband eine herzliche Abneigung.

Bernd Schlömer, der spätere Vorsitzende, zog seine eigene Kandidatur zurück und bewarb sich nur noch als stellvertretender Vorsitzender, eine kluge Entscheidung, denn wegen der Polarisierung zwischen diesen beiden Personen hatte er keine Chance.

Die Versammlung entschied sich gegen die Richtungsbestimmung durch Lauer, sondern wählte lieber Nerz. Damit blieb alles so, wie es war. In meinen Augen eine fehlerhafte Weichenstellung. Mit entscheidend über die Mehrheiten in der Abstimmung war sicher auch wieder der Austragungsort des Parteitages in Heidenheim an der Brenz – Nerz, der zuvor Landesvorsitzender in Baden-Württemberg war, hatte den Heimvorteil auf seiner Seite. Lauer hatte durch seine Art zudem sicherlich viele Sympathien zuvor verspielt; seine speziellen Talente, die in der Rolle sehr nützlich gewesen wären, wollte man nicht nutzen.

Tatsächlicher Star dieses neugewählten Vorstandes aber wurde Marina Weisband, die auf dem Parteitag nach einer Spontankandidatur zur politischen Geschäftsführerin gewählt wurde. Sehr schnell avancierte sie zum Liebling der Medien, durch ihre sprühende Intelligenz war sie gern gesehener Talkshow-Gast. Sie wurde für ein Jahr zum Gesicht der Piratenpartei, sie hat mit Sicherheit mehr für das positive Image der Piratenpartei getan als irgendjemand anderes. Doch sie konnte, wie so manche andere auch, in der ehrenamtlichen Mühle des Parteivorstandes nicht lange bestehen. Zudem ist sie als Frau und gläubige Jüdin extremen sexistischen und antisemitischen Angriffen ausgesetzt gewesen.

Eine der Lebenslügen der Partei ist der Spruch „Themen statt Köpfe". Es wurde peinlich darauf geachtet, keine Personen in den Vordergrund zu stellen. Wenn Medien anfingen, Geschichten zu personalisieren, nahmen Basispiraten das ihren Vertretern grundsätzlich übel, auch wenn die selbst gar nicht dafür verantwortlich sein konnten, in welcher Form die Medien berichteten. Mandats- oder Amtsträger bekamen keine fachlichen Beauftragungen, damit sich bei ihnen keine Macht kumulieren konnte. Die Chancen und Möglichkeiten, über bekannte Gesichter Inhalte zu transportieren, wurden vergeben. Auch Marina Weisband bekam das zu spüren.

Mit Rücksicht auf ihre Gesundheit und ihr noch nicht abgeschlossenes Studium setzte Marina Weisband ihr Amt nach einem Jahr nicht fort. Die Piratenpartei hätte gut daran getan, ihr jedes Geld zu bezahlen, was sie damals für ihren Lebensunterhalt gebraucht hätte, sowie sie vor jeder körperlichen und psychischen Belastung zu bewahren, die heftig gewesen sein müssen. Ich wage die These, dass die Piratenpartei in der Bundestagswahl 2013 mit ihr signifikant besser abgeschnitten hätte und womöglich heute noch Relevanz besäße.

Netzpolitik ist Gesellschaftspolitik

Im Dezember 2010 begannen die Rebellionen gegen die autokratischen Führungen in verschiedenen arabischen Staaten. Ausgehend von Tunesien startete eine Welle von zunächst meist friedlichen Aufständen, die in einigen Staaten tatsächlich erstmals zu einer Veränderung der Verhältnisse führte. Da die sozialen Medien, speziell *Facebook* und *Twitter*, einen erheblichen Einfluss auf die Organisation der Proteste hatte, bekamen wir diese Ereignisse hautnah mit. Eine ganze Reihe Piraten hatte persönliche Kontakte zu Aufständischen über das Internet. Daher fühlte man eine Nähe zu den Menschen dort, obwohl man weit weg vom Geschehen war.

Obgleich uns die friedlichen Proteste beflügelten, blieb es doch meist beim Klick-Aktivismus: Ein Post, ein Tweet, ein Foto ist schnell geteilt und geliked. Die erhebliche Resonanz in unserer *Twitter*-Sphäre war natürlich nur die Illusion einer Rebellion: Eine Online-Beteiligung an den Aufständen war natürlich nicht im Mindesten zu vergleichen mit dem, was die Menschen dort vor Ort leisteten.

Es gab aber einige Ausnahmen. Da die Herrschenden in den arabischen Staaten die Macht des Internets zur Organisation der Rebellion erkannten, bemühten sie sich, das Internet vor Ort zu kontrollieren oder abzuschalten und die Aktivitäten in den sozialen Medien zu verfolgen, um Oppositionelle zu identifizieren und zu verhaften sowie um Demonstrationen verhindern zu können. Und hier konnten Hacker aus dem Internet, auch einige deutsche Aktivisten, tatsächlich helfen: Sie stellten Verschlüsselungstechnologien und unabhängige Internetzugänge bereit, sie halfen bei der Verschleierung von Kommunikation und setzten sich aktiv gegen die in den Ländern verwendete Überwachungstechnologie ein (die in vielen Fällen aus Deutschland stammte). Besonders beeindruckt hat mich damals die Hackergruppe *„Telecomix"*. Sprecher in Deutschland war Stephan Urbach, der damals auch Mitglied der Piratenpartei war.

Doch es zeigte sich, dass die Online-Gemeinde gar nicht so homogen war wie es zunächst den Eindruck gemacht hatte, und die Piratenpartei war ein Querschnitt dieser Gemeinde: Einer sehr kleinen Schar echter Aktivisten stand eine sehr große Anzahl von „Klicktivisten" entgegen, die ihre Bedeutung und ihren Einfluss auf die Politik, die Gesellschaft, die Verhältnisse maßlos überschätzte.

Eine Gruppe von Menschen, die ohnehin der gleichen Meinung sind, braucht man nicht zu überzeugen. Wenn man in dieser Meinungsblase Online-Petitionen, *Twitter*-Demonstrationen, Email-Kampagnen oder Infografiken teilt, ist das sicher nicht verkehrt, aber eben auch nicht besonders wirkungsvoll: Menschen außerhalb dieser Blase erreicht man so nicht. Der Einfluss, den dieser Klicktivismus haben konnte, wurde maßlos überschätzt. Zur Veränderung von Gesellschaft gehört aber mehr: Subversion, das absichtsvolle Brechen oder Umgehen von Regeln, die zu ändern sind. Dazu war die Mehrheit der Piraten aber nie bereit.

Das wäre im Grunde nicht weiter tragisch gewesen, wenn man wenigstens diejenigen unterstützt und geschützt hätte, die sich in die vorderste Linie stellten, ob nun offen oder im Verborgenen. Diese Solidarität gab es jedoch nicht. Und mehr noch, durch die extreme Rechtsstaat-Gläubigkeit der Piraten wurden die Zulässigkeitsgrenzen von Widerstand immer und immer wieder diskutiert. Das grenzte Aktivisten aus und alle diejenigen, die sie unterstützen wollten. Und das konnte sie alle in Gefahr bringen.

Die Grenze verlief zwischen denjenigen, die das Internet demokratisch gestalten wollten – und denjenigen, die mit dem Internet die Gesellschaft demokratisch gestalten wollten. Solche, die für die Freiheit im Internet kämpften, und solche, die auch für die Freiheit in der Gesellschaft kämpfen wollten. Da gab es die Menschen, die für Breitbandversorgung für alle, für Netzneutralität und gegen Zensur im Internet kämpften. Doch was nutzt ein Breitbandzugang für jemanden, der sich die Kosten dafür nicht leisten kann? Was nutzt Netzneutralität bei anhaltender gesellschaftlicher Ungleichheit und Diskriminierung? Was hilft Zensurfreiheit bei Hunger und Not?

Das Internet wird immer mehr zum Lebensraum, zum Raum für Kultur, Wirtschaft, Arbeit, Information und soziale Interaktion, selbst für politische Betätigung. Nicht umsonst nennt der Bundesgerichtshof in einem Urteil vom Januar 2013 die Versorgung mit Breitband-Internet eine der materiellen Lebensgrundlagen. Es ist eine Binsenweisheit, dass allen Menschen eine Partizipationsmöglichkeit am Internet geschaffen werden muss, um Gleichstellung aller zu befördern: Das Internet wird gewissermaßen die Plattform dafür. Aber auch das Umgekehrte ist wahr: Das Internet ist eben „nur" die Plattform für Gesellschaft. Eine unfaire, eine unfreie Gesellschaft ist das auch im Internet. Und deswegen ist die Einbettung in Gesellschaftspolitik, das Entwickeln einer Gesellschaftsvision so wichtig. Reine Konzentration auf „Kernthemen" schließt alle diese Möglichkeiten aus. Den Chancen, Risiken und Herausforderungen im Übergang zur Informationsgesellschaft wird man so nicht gerecht.

Netzpolitik ist Gesellschaftspolitik: Mit dem Netz kann man die Gesellschaft verändern, wenn man das denn will. Es ist aber ein großer Fehler, zu glauben, dass das mit dem Internet von selber geschieht. In der Piratenpartei gab es keinen Konsens darüber, Gesellschaftspolitik zu machen, und kein Bewusstsein dafür, dass es Netzpolitik ohne Gesellschaftspolitik nicht geben kann.

Der unfassbare Erfolg in Berlin

Christopher Lauer hatte in Heidenheim bereits angekündigt, im Falle seiner Niederlage als Vorsitzender dann eben über 5% bei der Abgeordnetenhauswahl in Berlin holen zu wollen. Ironischerweise ist dann genau das passiert.

Ich würde jetzt nicht behaupten wollen, es wäre alleine Christophers Verdienst – für den Erfolg waren eine Reihe von Faktoren ausschlaggebend: Ein ausgesprochen kluger und kreativer Wahlkampf, pfiffige Wahlplakate, die Projektionsfläche für allgemeine Politik- und Parteienverdrossenheit, die die Piraten darstellten, der Charme und die Intelligenz von Marina Weisband in der öffentlichen Außendarstellung. Das Wahlplakat mit Christopher und dem Spruch *„Warum hänge ich hier eigentlich? Ihr geht doch eh nicht wählen"* kam so gut an, dass es in großer Zahl von den Laternen gestohlen wurde.

Rückenwind gab den Piraten eine extrem schlechte Wahlkampfperformance und ausgesprochen langweilige und nichtssagende Plakate der konkurrierenden Berliner Grünen. Die Spitzenkandidatin Renate Künast wirkte ausgesprochen spießig und spaßbefreit – Piraten wolle sie „resozialisieren", damit die zur nächsten Wahl nicht mehr antreten, sagte sie anlässlich einer Wahlveranstaltung. Aber eben auch Christopher Lauer war mit für den Erfolg verantwortlich, als er beispielsweise in der Tagesschau neun Tage vor der Abgeordnetenhauswahl auftauchte und sich erfrischend ohne Polikersprech äußerte, nachdem die Piratenpartei in Umfragen in Berlin erstmals bei rund 5% stand.

Dabei hatten auch die Berliner ihn nicht zum Spitzenkandidaten gekürt, er stand nur auf Platz 10 der Liste, also keineswegs auf einem „sicheren" Listenplatz. Dennoch wurde genau er angefragt und niemand sonst. Die Tagesschau verpasste ihm gar eine „Spitzenkandidat Piratenpartei Berlin“-Bauchbinde, was im Fernsehinterview dann berichtigt werden musste. Lauer in die zweite Reihe verwiesen: Welch eine Verschwendung.

Die Piratenpartei erreichte bei der Wahl zum Berliner Abgeordnetenhaus 2011 unfassbare 8,9% der Stimmen und ließ alle „Sonstigen“ weit hinter sich, auch die FDP, die in dieser Zeit förmlich implodierte. 15 Sitze konnten die Berliner Piraten besetzen – da ihre Liste auch nur genau 15 Personen umfasste, bedeutete das, dass alle Piraten in das Abgeordnetenhaus einzogen. Nicht einer durfte im Laufe der Legislaturperiode ausfallen, der Platz hätte nicht wieder besetzt werden können.

Die Piratenwelt stand Kopf. Das Interesse war gigantisch: Der Zulauf zu den Stammtischen nach der Berlin-Wahl toppte den der ersten Eintrittswelle zu Zeiten Zensursula von der Leyens. Wir mussten mit unserem Kölner Stammtisch mehrfach in größere Räume umziehen, weil immer mehr Menschen zuströmten. Presseteams gaben sich die Klinke in die Hand. Die Umfragezahlen wuchsen bis auf zweistellige Werte an. Für einen Moment schien alles möglich.

So mancher versuchte, das damals so positiv besetzte Piraten-Label zu kapern: Die Liberale Hochschulgruppe in Köln benannte sich für die anstehenden Studentenparlamentswahlen in „Campus-Piraten“ um. Offenbar hoffte man dem liberalen Desaster, welches die FDP ereilt hatte, so zu entgehen.

Die Mitgliederzahl der Piratenpartei explodierte erneut, von 15.000 auf über 35.000 Personen. Diesmal waren es nicht nur die Nerds, diesmal kamen Menschen aller Couleur und aus allen möglichen Hintergründen. Und es begann das Parteihopping: Gescheiterte Figuren anderer Parteien tauchten auf, weil sie bei Piraten ihre Chance sahen. Darunter auch einige bizarre Vögel.

Wir hatten auf dem Stammtisch in Köln Besuch von Kai Schulze. Er stellte uns seine Idee vor, eine einwanderungskritische Position zu entwickeln, und fragte sich, ob er das mit uns tun könnte. Er wollte seine Pläne mit den Ideen der Piraten für mehr Bürgerbeteiligung durch Elemente der direkten Demokratie verbinden. Dazu hatte er die seiner offensichtlichen Meinung nach großartige Idee, Thilo Sarrazin zu überzeugen und seinen Namen im Parteinamen zu verwenden. Sarrazin hatte 2010 sein Buch „Deutschland schafft sich ab" veröffentlicht, dessen ausländerfeindliche Thesen zu der Zeit gerade intensiv diskutiert wurden. Schulze wollte damit das vorhandene rechtspopulistische Wählerpotential ansprechen.

Während seiner immer kruder werdenden Ausführungen blickten wir uns an, und jeder dachte: Wie können wir ihm jetzt schonend beibringen, dass er sich zum Teufel scheren solle? Ich habe ihm dann höflich, aber bestimmt erklärt, dass die Piraten sich klar gegen Diskriminierung und gegen Fremdenfeindlichkeit positioniert haben, und dass er mit seinen Ideen eher nicht zur Piratenpartei passt. Ich bin leider nicht sicher, ob andere Gliederungen der Piratenpartei ebenso gehandelt hätten.

Kai Schulze hat seine Partei selbst in Köln gegründet. Er nannte sie *„Sarazzistische Partei – für Volksentscheide SPV Atom-Stuttgart21"*. Der Bezug auf Sarrazin ist – trotz der anderen Schreibweise – offensichtlich und genau so gewünscht, dazu hat er noch die Reizworte „Atom" und „Stuttgart 21" eingebaut, die auch so gar nichts mit seiner Partei zu tun hatten. Da Sarrazin selbst offenbar kein Interesse an der Schulze-Partei hatte, zauberte man zur Begründung „Ines Sarazz" hervor: Unter diesem Pseudonym sind in den 70er Jahren gesellschaftskritische Texte an der Universität Marburg verteilt worden. Das hielt Schulz aber nicht davon ab, Sarrazins Buch im Hintergrund seiner

Wahlwerbung anzuzeigen und es immer wieder in die Kamera zu halten.

Zwar hat er im Grunde damit die Idee der AfD vorweggenommen – auch bei deren Gründung war später diskutiert worden, ob Thilo Sarrazin nicht eher zu der AfD passen würde – aber das Programm der „SPV" umfasste noch weitere Perlen, wie etwa den Plan, „Europas besten Tischtennis-Unterricht" anzubieten, wozu man ein Tischtennis-camp in Köln eingerichtet habe. Auch wollte man nicht weniger erreichen, als Sozialismus und Kapitalismus unter dem eigenen Partei-Dach zu vereinen.

Schulze schaffte es tatsächlich, an der Landtagswahl in Sachsen-Anhalt 2011 teilzunehmen, dort erhielt er 3722 Stimmen. Zu weiteren Wahlen konnte er nicht mehr genug Unterstützerunterschriften sammeln.

Neben Sarrazin-Freunden hatten wir in Köln Besuch von jemandem, der gezielt nach dem Arbeitskreis Gesundheitspolitik fragte. Wie sich herausstellte, produzierte er esoterische Bioenergie-Geräte, die man für einen geringen vierstelligen Betrag erwerben konnte. Offenbar war er zuvor bei den Grünen damit abgeblitzt, seine „alternative Medizin" zu diskutieren. Ein anderer Besucher schlug ein Gesetz vor, das unverheiratete Frauen zum Beischlaf mit Single-Männern verpflichten sollte. Er meinte das durchaus ernst. Ich kann nachvollziehen, dass es manchmal schwierig sein kann, einen Sexualpartner zu finden – vielleicht gerade für Nerds. Aber aus liberaler Sicht, so erklärte ich ihm, ist es nicht zu vermitteln, Menschen zu sexuellen Handlungen zu verpflichten.

Aus Düsseldorf gerüchtete es, Scientology bereitete eine Übernahme des Kreisverbandes durch einen Masseneintritt und einen gemeinsamen Auftritt bei einer Kreismitgliederversammlung vor, in der ein neuer Kreisvorstand gewählt werden sollte. Das führte zu erheblicher Aufregung im Landesverband, man bemühte sich, einen

Unvereinbarkeitsbeschluss zu fassen, der ausschließen sollte, dass ein Scientologe zugleich Mitglied der Piratenpartei sein kann.

Wer nach allen Seiten offen ist, ist nicht ganz dicht

Mitglied bei der Piratenpartei wurde man einfach dadurch, dass man ein Formular ausfüllte und abgab oder einschickte. Formal musste die kleinste aufnehmende Gliederung zustimmen, also der Kreis- oder Landesverband, das war in der Regel aber eine reine Formsache. Wer da alles kam, wer die jeweilige Person war, die ihre Mitgliedschaft beantragte, war in aller Regel unbekannt. Konnte man zuvor behaupten, rassistische und rechtsextreme Meinungen unter den Mitgliedern seien absolute Einzelfälle, nahmen solche Vorkommnisse in der Folge des Mitgliederwachstums zu. Auch der Umstand, dass die Piratenpartei Doppelmitgliedschaften in Parteien nicht ausschließt, dass also jemand zugleich Piratenparteimitglied und Mitglied in einer anderen, beispielsweise rechtsextremen oder rechtspopulistischen Partei sein konnte, stellte sich als Problem heraus.

Die Partei diskutierte, wie sie solche Parteihopper fernhalten konnte. Dabei tauchte in meiner Wahrnehmung erstmals die Rechtsstaat- und Meinungsfreiheitsdiskussion auf. Man schlug vor, die Neumitglieder auf die freiheitlich-demokratische Grundordnung zu verpflichten, oder sie abzufragen, ob sie auch Mitglied in einer vom Verfassungsschutz beobachteten Organisation seien. Prompt wollte man auch linke Organisationen ausschließen, die Hufeisentheorie machte die Runde, man wolle sich gegen „jeden Extremismus" aussprechen, als hätte es die Auswüchse nach dem deutschen Herbst, Berufsverbote und

Geheimdienstskandale nie gegeben. Doch eine reine Selbstauskunft, ob jemand die Piratengrundsätze einzuhalten gedenkt, ist letztlich genauso dämlich wie die Frage auf dem im Flugzeug bei der Einreise in die USA ausgehändigtem Fragebogen, ob man plane, den amerikanischen Präsidenten zu ermorden. Der Terrorist wird das wohl kaum zutreffend mit „ja" ankreuzen.

Andererseits galt es als verwerflich, Bewerber um Mitgliedschaften im Vorfeld bei Google zu suchen, um ein eventuelles politisches Vorleben zu entdecken: Das wäre doch ein schändlicher Privatsphärenverstoß!

Zu allem Überfluss entspannte sich eine Diskussion darüber, wie weit Meinungsfreiheit eigentlich gehen soll: Sind auch rechtsextreme Aussagen von Meinungsfreiheit gedeckt? Darf man beispielsweise den Holocaust leugnen oder relativieren? Sollte man zum Beispiel das Verbot des Buches „Mein Kampf" aufheben? Und sollte es unsere Aufgabe als Partei nicht etwa sein, mit allen zu reden, mit allen Menschen zu argumentieren? Sollte unser Anspruch an Partizipation uns nicht auch dazu verpflichten, für alle offen zu sein, selbst für Rechte?

Es zeigte sich, dass ein großer Teil Piraten im Grunde unpolitisch ist. Ich bin aber der Überzeugung, dass eine politische Partei Farbe bekennen muss. Sie muss Haltung haben. Und dazu gehört auch, klar zu sagen, wozu sie nicht steht. Selbstverständlich hat sie das Recht, gewisse Meinungen nicht zu unterstützen. In meinem Hausflur muss ich auch keine rechtsradikalen Parolen dulden. An meiner Haustür muss ich kein rassistisches Plakat zulassen. Und wenn ich das bei mir zuhause untersage, hat das mit einem Verstoß gegen die Meinungsfreiheit nichts zu tun.

Wir hatten auch in Köln ein Problem dieser Art: Unser damaliger Pressesprecher W. fiel durch merkwürdige *Facebook*-Beiträge negativ auf. Wir hatten ihn zuvor auf unserem Stammtisch in die Pressesprecher-Position gewählt, weil er eloquent war – und weil er der einzige Kandidat für diesen ehrenamtlichen Job war. Er reagierte jedenfalls pampig, wenn man ihn auf seine seltsamen Äußerungen ansprach – es stellte sich heraus, dass er zuvor beim Stammtisch in Krefeld ebenfalls unangenehm in Erscheinung getreten war, und offenbar dann unseren Verband in Köln gezielt ausgesucht hatte. Eines Tages teilte er per *YouTube*-Botschaft mit, der in Köln ansässigen, rechtspopulistischen und islamfeindlichen Pro.NRW beigetreten zu sein. Eine Zeitlang tourte er mit Pro.NRW durch das Land, hielt stark von der Polizei beschützte Kundgebungen mit etwa 15 Mitstreitern vor Moscheen ab, um dort islamfeindliches Gewäsch abzusondern, und schwenkte dabei fleißig eine Piratenfahne. Wegen der Möglichkeit der Doppelmitgliedschaft bei den Piraten konnte man ihm das noch nicht mal so ohne weiteres untersagen – bis auf Landes- und später Bundesebene Nichtvereinbarkeitsbeschlüsse mit Pro.NRW beschlossen werden konnten. Erst dann war es möglich, ihn aus der Partei zu werfen. W. war auch bei Pro.NRW irgendwann nicht mehr gut gelitten – noch später hörte man, er sei jetzt bei der AfD.

Wir stießen also an die Grenzen von Partizipation und Offenheit, dem Paradigma, dass jeder bei Piraten einfach mitmachen können soll. Eine Verteidigung gegen destruktive Teilnehmer scheiterte stets an dem falsch verstandenen Anspruch, für jedermann gleichermaßen offen zu sein.

Rassisten, Sexisten, Nazis und Arschlöcher aller Art können und dürfen mit ihrer Meinung tun was sie wollen, aber ich muss das weder ertragen noch zulassen. Und so hätte die Piratenpartei das auch handhaben sollen. Das ist aber nie gelungen, und viele Mitglieder haben darunter jahrelang gelitten.

Blauäugig, Gutgläubig, Einfältig

Ich empfand die Stadt Offenbach als wenig ansehnlich. Und die Stadthalle in Offenbach war die schmuckloseste und hässlichste Veranstaltungshalle, an die ich mich erinnern kann. Es stand der erste Parteitag nach der Eintrittswelle bevor, welche durch den Wahlerfolg in Berlin ausgelöst worden war. Die Planungen zu diesem Parteitag waren noch auf Basis der alten Mitgliederzahlen durchgeführt worden: Wir rechneten mit dem Schlimmsten. Da man im Vorfeld nicht weiß, wie viele Leute kommen, muss man die Besucherzahlen schätzen.

Unsere Befürchtungen traten nicht ein. Der Parteitag sollte zwar mit über 1000 akkreditierten Piraten der bis dato größte aller Zeiten werden, ich habe ihn aber dennoch als positiv und produktiv empfunden. Das lag nicht an der Gesprächs- oder Debattenkultur, die war so chaotisch und destruktiv wie immer. Ewig lange Schlangen hinter den Mikrophonen mit den ewig gleichen Argumenten: Es wurde zwar schon alles gesagt, aber eben noch nicht von jedem.

Positiv fand ich den Parteitag deswegen, weil er der einzige war, der einen in meiner Erinnerung einzigartig richtungsweisenden, wirklich politischen Entschluss formulierte: Das Bekenntnis zum bedingungslosen Grundeinkommen.

Die Debatte war zuvor bereits innerparteilich geführt worden, und setzte sich auf dem Parteitag fort. Es ging im Kern um die immer gleichen Fragen: Wie finanziert man so etwas? Hören die Leute nicht einfach auf zu arbeiten, wenn man sie bezahlt, ohne dass sie dafür eine Leistung zu erbringen haben?

Die BGE-Gegner hatten sich T-Shirts fertigen lassen, allen voran der bayrische Landesvorsitzende und spätere

Bundesvorsitzende Stefan Körner, darauf stand: „BGE: Blauäugig, Gutgläubig, Einfältig“.

In der Diskussion vorher war der kritische Begriff „bedingungsloses Grundeinkommen“ weitgehend vermieden worden, ein „Recht auf sichere Existenz und Teilhabe“ war auf einem früheren Parteitag schon mal formuliert und beschlossen worden. Dass diese Grundsicherung frei von Überwachung und Sanktionen sein muss, darüber waren sich alle einig.

Der BGE-Antrag wurde schließlich angenommen, mit rund 67 Prozent Zustimmung. Da für diesen Beschluss eine Zweidrittel-Mehrheit erforderlich war, war das Ergebnis zwar eindeutig, aber denkbar knapp. Lediglich 8 Stimmen mehr als notwendig entfielen auf den Beschluss. Also entfaltete sich, wie auch jedes Mal typisch für Piraten, eine Debatte, die die Legitimation dieser Entscheidung in Frage stellte. Die Vorwürfe waren wie immer die folgenden: Das Ergebnis war knapp, und nicht alle Mitglieder konnten befragt werden. Nur am Parteitag Anwesende konnten abstimmen. Ist eine solche Abstimmung überhaupt repräsentativ? Ist sie überhaupt basisdemokratisch?

Die offenen Parteitage, die so gut für die Vernetzung der Piraten waren, die sich die Wege zu den Veranstaltungsräumen zeitlich und finanziell leisten konnten, sind niemals repräsentativ gewesen. Sie sind auch nicht basisdemokratisch. Aber sie sind das einzige Abstimmungsgremium überhaupt, welches den Piraten bis heute zur Verfügung steht. Andere Gremien gibt es nicht, der Vorstand trifft keine politischen Entscheidungen. Das permanente in-Frage-stellen der Legitimation von Parteitagen lähmt die Willensbildung und die politische Entwicklung in der Partei, wenn man zugleich über keine Alternativen verfügt.

Der Parteitag in Offenbach 2011 ist meiner Auffassung nach der letzte, der überhaupt wegweisende politische Beschlüsse der Piratenpartei fasste. In meiner Erinnerung wurden nur noch auf dem Parteitag im November 2012 einige programmatische Beschlüsse zu Wirtschaftspolitik und Außenpolitik gefasst, die noch erwähnenswert gewesen wären, obwohl diese bereits ohne Mut und Signalwirkung beschlossen wurden. Anschließend ist in meiner Empfindung die politische Fortentwicklung der Partei praktisch vollkommen zum Erliegen gekommen.

Flüssige Demokratie

Dabei hätten die Piraten die passende Lösung für das Dilemma gehabt, Basisdemokratie und Beteiligung an allen gewünschten Themen für alle Mitglieder zu bieten, ohne dass diese die Zeit und das Geld aufwenden müssen, dazu an einen bestimmten Ort zu fahren: Elektronische Demokratie in „flüssiger Form".

Unser heutiges parlamentarisches System ist eine Form der repräsentativen Demokratie. Alle vier oder fünf Jahre gibt man seine Stimme an die Partei bzw. die Abgeordneten seiner Wahl ab. Und die Gewählten entscheiden dann für vier bzw. fünf Jahre lang über alle legislativen Belange, sowie durch die Wahl einer Regierung über die Exekutive. Dem gegenüber steht die direkte Demokratie, in der alle Bürger unmittelbar zu den Urnen gerufen werden, um einzelne Entscheidungen zu treffen. Beide Modelle haben ihre Schwächen. Parteien erfüllen nicht automatisch die Wünsche ihrer Wähler: Als Wähler hat man bisweilen lediglich die Wahl zwischen verschieden schlimmen Übeln. Parteien gibt es nur im Gesamtpaket mit allen ihren Positionen; in einzelnen Punkten andere politische

Entscheidungen zu unterstützen ist für einen Wähler nicht möglich.

Die Auswüchse des Parlamentarismus, wenn Parteien aus parlamentarischen oder koalitionären Zwängen oder einfach aus Wahltaktik von der zuvor versprochenen Linie abweichen, muss der Wähler hinnehmen: Solche Vorkommnisse sind ein Hauptgrund für Parteien- und Politikverdrossenheit. Der Wähler kann allenfalls für die nächste Legislaturperiode eine andere Partei wählen. Wenn er denn eine findet, mit der er weniger unzufrieden ist. Es bleibt die Wahl des geringsten Übels.

Direkte Demokratie hingegen ist aufwendig. Es ist nicht durchführbar, zu sämtlichen möglichen oder aktuellen Themen jedes Mal alle Bürger zu befragen. Bei vielen Themen ist kein ausreichendes Interesse vorhanden, die Beteiligung bliebe mäßig oder auf eine kleine Gruppe beschränkt. Und Minderheitenschutz bliebe auf der Strecke, wenn man immer alle befragte.

„Liquid Democray" wird die Idee genannt, beide Demokratieformen zu mischen: Direkte Demokratie, wo man selbst entscheiden möchte, von den Auswirkungen selbst betroffen ist und eine eigene Meinung hat. Delegation der Entscheidung auf jemand anderen, den man für kompetent hält nach eigener Wahl, wo man nicht selbst entscheiden möchte. Wichtig ist die freie selbstbestimmte Auswahl von Themenbereichen, bei denen man Interesse an eigener Beteiligung hat.

Man soll grundsätzlich selbst entscheiden können, welche Entscheidungen man treffen will und welche nicht. Man soll selbst festlegen können, von wem man sich in welchen Bereichen vertreten lassen will – das können dann auch unterschiedliche Personen für unterschiedliche Themen sein. Man kann einzelne Entscheidungen delegieren, oder gleich alle. Eingehende Delegationen verstärken das Stimmgewicht des Abstimmenden entsprechend.

Und Delegationen können grundsätzlich auch weitergegeben werden: Wem man die Entscheidung einer bestimmten Fragestellung überlassen möchte, dem sollte man auch zutrauen, sich den dafür kundigen Berater zuzulegen. Auch im repräsentativen Bereich werden Delegationen weitergegeben: Der gewählte Abgeordnete wird sich in einem Fachbereich, in dem er sich nicht zuhause fühlt, auch nach dem Votum des entsprechenden Fachpolitikers seiner Partei richten.

Liquid Democracy kann bei demokratischen Prozessen aller Art eingesetzt werden, beispielsweise bei klassischer Kommunalpolitik über innerbetriebliche Mitbestimmung bis hin zu Abstimmungen in Vereinen. Auch der Einsatz bei innerparteilichen Entscheidungsprozessen ist möglich.

Natürlich kann man eine solch komplexe Funktionalität nur elektronisch abbilden. Dazu wurden in der Vergangenheit mehrere Software-Ansätze entwickelt. Die Software, die eine Weile bei der Piratenpartei im Einsatz war, hieß *Liquid Feedback*. Ihr erster Einsatz bei den Piraten Berlin datiert auf das Jahr 2010 zurück. Eine Zeitlang wurden in verschiedenen Gliederungen und in der Bundespartei politische Entscheidungen damit vorbereitet.

Doch Softwarelösungen für demokratische Abstimmungen stoßen an das Wahlcomputer-Problem: Demokratische Wahlen sollen sowohl geheim als auch nachprüfbar sein. Wahlcomputer können fehlerhaft sein oder Manipulationen unterliegen wie jeder andere Computer auch. Will man Fehler oder Manipulationen verhindern bzw. aufdecken können, muss jedermann in der Lage sein, die Wahlen nachzuprüfen. Das geht bei technischen Systemen in der Regel nicht, da niemand ohne Detailkenntnisse der gesamten Technik deren Funktionieren nachprüfen kann. Die Ergebnisse der Wahl kann jedermann ohne Ansehen der Technik nur dann verifizieren, wenn sie vollkommen transparent ist, also nicht geheim durchgeführt wird. Aus diesen Gründen hat das Bundesverfassungsgericht die bis dahin in Verwendung befindlichen Wahlcomputer bei Wahlen zu Parlamenten in Deutschland verboten und hohe Anforderungen an eine technische Wahl-Lösung gestellt. Ob Wahlcomputer oder Wahlsoftware technisch überhaupt möglich sind, welche die Anforderungen des Bundesverfassungsgerichts nach Nachprüfbarkeit des Ergebnisses erfüllen können, ist unklar.

Alle Liquid-Democracy-Systeme basieren daher auf einer gewissen Transparenz. Das Delegationsprinzip erlaubt es im Grunde auch nicht, vollkommen anonym im System zu agieren, da sonst eine Stimmübertragung kaum vorstellbar ist. Jeder Teilnehmer muss zumindest unter einem wiedererkennbaren Pseudonym agieren, wenn nicht sogar unter Klarnamen. Für Wahlen, die den demokratischen Anforderungen einer geheimen Wahl genügen müssen, ist ein solches System also grundsätzlich nicht geeignet.

Damit scheidet *Liquid Feedback* in der Regel für Personenwahlen aus. Doch für Entscheidungen, die auch auf einem Parteitag öffentlich und offen durch Handaufheben abgestimmt werden, wie solche zu Programm, Satzung oder politischen Positionen, wäre solch ein transparentes, technisches System einsetzbar.

Für die Meinungsbildung innerhalb der Piratenpartei wurde die Idee geboren, eine Liquid Democracy-Lösung zur „ständigen Mitgliederversammlung" zu erklären, gewissermaßen zu einem Dauerparteitag, der fortdauernd im Internet tagt, und der in der Lage ist, Beschlüsse, wie sie auch ein Parteitag in offenen Abstimmungen treffen könnte, einfach online zu fassen. Es wäre nicht mehr eine kosten- und zeitaufwendige Fahrt zu einem Parteitag nötig, um sich zu beteiligen, es könnten auch größere Anzahlen von Positionen bestimmt werden, auf aktuelle politische Entwicklungen könnte zeitnah reagiert werden, und eine echte Möglichkeit zur Basisdemokratie und Partizipation aller Parteimitglieder wäre geschaffen. In den ersten Schritten wurde *Liquid Feedback* nur als nichtverbindliches Meinungsbildungsinstrument in der Vorbereitung von Parteitagen eingesetzt.

Jedoch kollidierten alle diese Projekte mit der „Aluhut"-Fraktion der Piratenpartei. Nachvollziehbares und dokumentiertes Abstimmverhalten aller Mitglieder rief Hüter von Datenschutz und Privatsphäre auf den Plan – wohlgemerkt nicht unbegründet, denn solche Daten erlauben durchaus ausführliche Schlüsse auf persönliche politische Einstellungen der Benutzer. Sammlungen persönlicher Daten, zumal wenn sie öffentlich sind, bergen immer das Risiko des Missbrauchs. Doch wäre es meiner Meinung nach Aufgabe der Piratenpartei gewesen, die ersten Schritte in Richtung elektronischer Demokratie zu gehen, und Erfahrungen im Umgang damit zu sammeln.

Und so stieß *Liquid Feedback* auf erbitterten Widerstand. Es wurde als „Gesinnungsdatenbank" bezeichnet und mit diversen innerparteilichen Klagen überzogen. Unerfüllbare Datenschutzanforderungen wurden gestellt. Auch aus den Reihen der Bundesvorstände kam heftige Gegenwehr. So wurden alle diese *Liquid Feedback*-Projekte torpediert und letztlich gestoppt.

Die Piratenpartei hatte die einmalige Chance, ihrem Ruf als Partei des 21. Jahrhunderts entsprechend neue digitale Wege der Demokratie auszuprobieren. Sie hätte das Dilemma der Basisdemokratie und der Parteitagselite lösen können. Sie hätte damit die Politikverdrossenheit bekämpfen können, die Menschen aufgrund der empfundenen Macht- und Wirkungslosigkeit in politischen und gesellschaftlichen Entscheidungsprozessen befallen hatte. Das alles wurde versäumt. In innerparteilichen Beteiligungsmöglichkeiten fiel die Piratenpartei durch das Scheitern der Liquid Democracy hinter die anderen, von ihr so bezeichneten Altparteien zurück.

2012

Umbrien ist eine hügelige, bäuerlich geprägte Region in der Mitte Italiens auf halbem Wege zwischen Florenz und Rom. Sie war lange Zeit Teil des Kirchenstaates, dessen Rest heute der Vatikan ist – unter den Italienern gilt sie daher als ein wenig rückständig. Die benachbarte Toscana wirkt deutlich mondäner.

Umbrien ist das einzige Bundesland auf der Apeninhalbinsel ohne eigenen Zugang zum Meer. Dafür liegt im Land der größte Binnensee des Stiefels Italien, der Lago Trasimeno, an dessen Ufern Hannibal auf dem Weg nach Rom seine Elefanten tränkte und sich wunderte, warum diese den See nicht austranken, da er keinen oberirdischen Zufluss des Sees finden konnte. Womöglich wird der See unterirdisch gespeist.

Durch das Land fließt der Tiber, in Höhe unseres Ferienhauses am Fuße des Monte Clamottone nur ein kleiner, träger Bach. Es wird zu viel Wasser für die steuerlich subventionierten Tabakplantagen entnommen, und Zweidrittel des Wassers verdunsten wirkungslos. Im Sommer ist der Fluss im Schilf der Ufer praktisch gar nicht zu sehen.

Politik mal ander5

„Leetspeak“: Das ist eine Schriftsprache, in der zahlreiche Buchstaben durch ähnlich aussehende Ziffern ersetzt werden, etwa der Buchstabe E durch die Zahl 3, weil sie so aussieht wie der Buchstabe, nur eben spiegelverkehrt, oder die Ziffer 5 zur Ersetzung des Buchstaben S. Eine besondere Bedeutung hat das „Wort“ 1337 – es steht für „Leet“, und das wiederum soll eine Verkürzung von „Elite“ darstellen. Diese Abkürzung stammt aus dem populären Computerspiel „Counterstrike“, „Leet-Crew“ beschreibt dort eine Option, mit der man ein bestimmtes Spieleraussehen auswählen kann. Die Zahl 1337 hat also für die Computernerd- und Gamer-Szene eine besondere Bedeutung. Und so haben wir uns später im Landtag besondere Mühe gegeben, die Drucksachennummer 16/1337 für eine unserer Drucksachen zu bekommen: Den Entschließungsantrag mit dem Titel „Nordrhein-Westfalen braucht ein Transparenzgesetz“

Auf einem Wahlwerbeplakat hatten Piraten den Spruch „Politik mal ander5“ verwendet – auch dies sollte unsere Absicht dokumentieren, Politik zu machen, aber eben anders als gewohnt: Etwas „nerdig“, mit mehr Internet-Inhalt.

Wir wollten das mit der Politik nämlich anders machen: Wir hatten die Vorstellung, das politische System zu ändern, und zwar von innen. Wir wollten für alle Menschen die Möglichkeit schaffen, ihre eigenen Lebensverhältnisse in die Hand zu nehmen und mit zu gestalten: Indem wir alle Prozesse radikal demokratisieren, auch mithilfe von Netz-Technologien. So, wie das im ursprünglichen Internet schon der Fall war, wo Dezentralisierung der Kontrolle und offener Fluss von Informationen ohne Schranken ein Grundprinzip war. Jeder Mensch kann gleichberechtigter Teilnehmer am weltweiten Netz sein und darin tun und sagen, was er möchte – begrenzt wird er dabei alleine von den „Netiquetten“, den Regeln zu höflichen Umgangsformen im Internet, so die manchmal etwas naive Vorstellung.

Von der freien Verfügbarkeit von Informationen weltweit profitieren wir alle. Machtkonzentration durch Zurückhaltung von Wissen funktioniert im Internet nicht. Eine Barriere wird vom Netz immer nur als ein Hindernis wahrgenommen, das es zu umschiffen gilt, das Internet konfiguriert sich selbst darum herum. Das war eines der Grundprinzipien des Internets: Es sollte sich stets selbst organisieren, so dass Teilausfälle kompensiert werden. Eine zentrale Steuerung gibt es nicht, sollten Bereiche des Netzes einmal nicht verfügbar sein, leitet es den Datenverkehr selbsttätig darum herum. Das macht es Zensurbehörden so schwer, Kontrolle und Filterung im Internet auszuüben, auch wenn sie in den vergangenen Jahren ganz enorm an Technologien und Fähigkeiten dazugewonnen haben.

Wir wollten diese Prinzipien auch auf die Politik anwenden: Jeder soll ungeachtet seiner persönlichen Situation bei allen politischen Prozessen unmittelbar und ohne unnötige Hindernisse mitmachen können. Teilnahmehürden sollen abgebaut werden, eine zentrale Kontrollinstanz, einen allwissenden, allentscheidenden Staat soll es nicht geben. Unser Traum war es, dieses solidarische, herrschaftsfreie Graswurzel-Prinzip in Politik und Gesellschaft zu tragen. So wie es im Internet keine Rolle spielt, ob man Frau, Mann oder Eichhörnchen ist, welche Farbe die Haut hat, welche finanziellen oder körperlichen Möglichkeiten ein jeder hat – im Internet kann man diese Merkmale alle nicht sehen, im Internet kann man seine Identität sogar vollständig nach seinem eigenen Wunsch gestalten, und das wird von den anderen Teilnehmern im Netz so akzeptiert. In dieser virtuellen Welt war man frei, zu sein, was immer man wollte, und wurde so angenommen, wie man sich selbst definierte. Dieser Traum – unausgesprochen, und den meisten Leuten nicht ganz fassbar bewusst – einte uns.

Eine wesentliche Rolle spielte dabei die Hacker-Ethik. Stammend aus den 1980er Jahren beschreibt sie einen Moralkodex aus der frühen Hacker-Szene, die sich zuerst in den USA am „Massachusetts Institute of Technology" herausbildete und später über die gesamte Welt verbreitete. Folgende zentrale sechs Regeln der Hacker-Ethik hat der US-amerikanische Technik-Redakteur Steven Levy in seinem Buch „Hackers" im Jahr 1984 beschrieben:

1. *Der Zugang zu Computern soll grenzenlos und total sein.*
2. *Alle Informationen sollen frei sein.*
3. *Autorität sollte misstraut werden, Dezentralisierung ist zu bevorzugen.*
4. *Hacker sollten nur nach ihrer Fähigkeit zu hacken beurteilt werden, nicht nach Kriterien wie Rasse, Klasse, Alter oder Stellung.*
5. *Computer können benutzt werden, um Kunst und Schönheit zu schaffen.*
6. *Computer können Dein Leben zum Besseren wenden.*

Damit hat er den Kodex dieser Technik-affinen Gemeinde ganz gut umrissen und deutet damit auch deren Probleme an: Technikgläubigkeit und das Problem der Ausgrenzung von nicht-Hackern, von nicht ganz so Technik-affinen Menschen.

Informationen und Daten, die frei sind, nützen allen. Dies ist die Wurzel der Transparenz-Anforderungen, die die Piraten immer wieder formuliert haben, so wie es zuvor in der IT-Szene der Gedanke von quelloffener Software, sogenannter „Open Source", auch der Fall war, und wie es dem Almende-Gedanke von „Creative Commons" von für allen verfügbaren digitalen Werken wie Fotografien, Grafik, Ton oder Video entspricht. Wir stehen alle auf den Schultern von Giganten: Ohne Weitergabe von Informationen kann es keinen Fortschritt geben. Monopolisierung von Informationen schadet der Weiterentwicklung von Gesellschaft, Kunst, Kultur und Wissenschaft.

Selbstverständlich war diese Hacker- und IT-Szene international. Nationalität und Landesgrenzen spielten keinerlei Rolle, sie waren nicht wahrnehmbar und standen im Widerspruch zur transnational übergreifenden Konstruktion des Netzes. Das hieß nicht, in nationalen Auseinandersetzungen immer neutral sein zu müssen: Man positionierte sich in der Regel gegen den stärkeren, zentralistischeren Gegner auf Seiten der Menschen oder des als menschlicher wahrgenommenen Widerparts.

Der grundsätzliche Fortschritts- und Zukunftsoptimismus stand im Gegensatz zur Rezeption von Computern als Jobkillern und den stets beschworenen Gefahren des Internet, wie sie in der Öffentlichkeit wahrgenommen wurden. Dieser Druck von außerhalb trug dazu bei, die Szene zusammenzuhalten und beförderte die Identifikation. Der digitale Raum, der durch die Computer und ihre Programmierer erschaffen wird, soll wertgeschätzt werden. Die Grundsätze von Freiheit, Gleichheit, Demokratisierung und Zusammenarbeit, die darin gelten, wollten wir auf die Gesellschaft und das Leben übertragen.

Hacker akzeptierten Grenzen nicht: Das Brechen von Regeln war in Ordnung, solange es der Maxime unterlag, Dinge nicht zu zerstören, sondern damit etwas Neues zu erschaffen. Technische Systeme wurden nicht nur im Sinne der Bedienungsanleitung angewendet, sie wurden auch ungeachtet ihrer Regeln und unter Missachtung des ursprünglichen Zwecks benutzt, wenn man dadurch eine neue Funktion, eine neue Verwendung hervorrufen konnte: Dies war die Essenz von „Hacken“. Und wir waren der Überzeugung, dass das auch mit gesellschaftlichen, mit politischen Prozessen funktionieren würde. Eine Partei zu gründen war der logische Schritt, wenn man das parlamentarische, das politische System „hacken“ will, um es zu einem menschlicheren System umzugestalten, und um ein Gegengewicht zur technikfeindlichen und von Angst getriebenen Haltung gegenüber dem Internet zu bilden. „Anonymous“ war die Untergrund-Version dieser Idee, der politische Hacker im Untergrund.

Der Chaos Computer Club hat die Hackerethik auf seinen Webseiten um mehrere Punkte ergänzt. Nicht nur der Zugang zu Computern, sondern der Zugang zu allem, was den Menschen zeigen kann, wie diese Welt funktioniert, soll seiner Meinung nach unbegrenzt und vollständig sein. Damit legt der CCC den Fokus schon ganz klar außerhalb der reinen Technik auf Gesellschaft und Politik: Computer sind auch ein Mittel dazu, Mechanismen zu erkennen und zu verstehen, die in unserem Leben wirksam sind. Mit Computern kann man das Leben selbst gestalten, und natürlich auch die Politik.

Darüber hinaus legt der CCC den Fokus auf Privatsphäre und Datenschutz, in zwei weiteren Hackerethik-Sätzen: Daten anderer Menschen sollen nicht zerstört werden. Und es gilt der Grundsatz: Öffentliche Daten nützen, private Daten schützen. Damit wird die Autarkie des Einzelnen über seine eigenen Daten betont, aber Daten von allgemeinem Nutzen dürfen dadurch eben gerade nicht zurückgehalten werden. Dies sollte dann selbstverständlich auch in Politik, in Lehre und Bildung, in der öffentlichen Verwaltung gelten – dieses Prinzip, davon waren wir als Piraten überzeugt, würde unserer Welt guttun.

ACTA

ACTA steht für „Anti-Counterfeiting Trade Agreement“, das war ein geplantes multinationales Handelsabkommen, insbesondere zwischen Europa und Nordamerika, welches die Standards zur Verfolgung von Produktpiraterie und Urheberrechtsverstößen zwischen den beteiligten Nationen vereinheitlichen sollte. Die Verhandlungen wurden geheim geführt und waren sehr stark von den Interessen der Medien- und Patentunternehmen getrieben; es wurde durch ungeplante Veröffentlichungen des geheimen Materials deutlich, dass der Schutz des sogenannten geistigen Eigentums sehr weit getrieben werden sollte. Neben der Kritik an der postdemokratischen Vorgehensweise der Verhandlungen und des Vertrages wurde auch die Benachteiligung von Verbraucherinteressen kritisiert. Die Privatisierung der Rechtsdurchsetzung, die das Abkommen vorsah, war ein unmittelbarer Angriff auf europäische rechtsstaatliche Grundsätze.

ACTA ist bestes Beispiel für den Trend zur Postdemokratie: Zunehmend werden privatwirtschaftliche Verträge zwischen Unternehmen und Staaten ausgehandelt, die gravierende Auswirkungen auf Legislative, Exekutive und Judikative haben. Diese Verträge beeinflussen die Gesetzgebung unmittelbar, da sie – an den demokratischen Instanzen vorbei – Gesetze erzwingen, und damit den regulären, demokratischen Entstehungsprozess von Gesetzen konterkarieren. Diese Verträge führen zu einer Selbstbeschneidung der Rechte der Parlamentarier, und verhindern die unabhängige Gestaltung und auch die spätere Anpassung und Veränderung von Recht, wie es im Spiel der Gewaltenteilung stattfindet. Sie binden Regierungen unmittelbar an Partikularinteressen der Vertragspartner, und sind daher das ideale Instrument des Neoliberalismus. Streitigkeiten aus diesen Verträgen werden üblicherweise unter Umgehung der Judikative ausgetragen, da private und geheime Schiedsgerichte dafür vereinbart worden sind. Dabei drohen zugunsten von Unternehmensinteressen gigantische Schadenersatzsummen zu Lasten der Allgemeinheit. Die Durchsetzung von Recht aus diesen Verträgen wird oft privaten Institutionen übertragen, und Widerspruchsmöglichkeiten sind nicht vorgesehen. Demokratische Interessen werden diesen Verträgen untergeordnet. Gegen diesen ungebremsten, neoliberalen Trend wollten die Piraten sich wehren.

Anfang 2012 wurde ACTA gerade im Europäischen Parlament beraten. Mit dem Fokus auf geistiges Eigentum, Urheberrechte und Patente betraf dies den Kernbereich von Piratenthemen. Doch überraschenderweise übersprang das doch eher technische Thema die Wahrnehmungsschwelle der Öffentlichkeit, beispielsweise durch Proteste, die im polnischen Parlament durchgeführt wurden: Dort demonstrierten Abgeordnete im Parlament mit den charakteristischen schwarzweißen „Guy Fawkes"-Masken vor ihren Gesichtern – jene Masken mit dem markanten Schnurr- und Spitzbart, die damals sichtbares Symbol all dieser Proteste wurden. *YouTube*-Stars mobilisierten insbesondere die junge Generation. Und so bildete sich tatsächlich eine breite Protestbewegung, die zu Demonstrationen gegen ACTA aufrief. Die gerade sehr populäre Piratenpartei konnte sich mit an die Spitze setzen. Es fanden in ganz Deutschland Proteste statt, die es auch ins Fernsehen schafften.

Ich habe auf den ACTA-Demonstrationen in Köln meine ersten öffentlichen Reden gehalten und einige Interviews geführt – das war eine Zeit, in der Piraten tatsächlich um ihre Meinung gefragt wurden und eine gewisse Wirkung entfalten konnten. Es wäre vermessen, den Erfolg der Kampagne gegen ACTA alleine den Piraten zuzuschreiben, aber einen kleinen Anteil hatten sie daran gewiss gehabt, auch durch ihre damalige Popularität und die Aufmerksamkeit, die sie genossen.

Der Widerstand auf der Straße hat tatsächlich dazu geführt, dass das Europäische Parlament ACTA ad acta legte. Allerdings war ACTA weder das erste noch das letzte internationale Handelsabkommen mit zweifelhaftem Inhalt und fragwürdiger Entstehungsgeschichte. Leider ließ sich der Grad der Mobilisierung nicht wiederholen: Spätere Demonstrationen beispielsweise gegen den Überwachungsskandal durch westliche Geheimdienste, aber auch gegen Folge-Handelsabkommen wie gegen TTIP blieben sehr viel kleiner.

Ein schiefes Bett und ganz viel Erleichterung

Am 14. März 2012 löste sich überraschend das nordrhein-westfälische Landesparlament auf. Vorausgegangen war eine Abstimmungsniederlage der Minderheitsregierung aus SPD und Grünen, deren Haushaltsentwurf von der gesamten Opposition aus CDU, FDP und LINKEN abgelehnt worden war. Ohne einen gültigen Haushalt jedoch war die Regierung gescheitert. Als neuer, vorgezogener Wahltermin in NRW wurde der 13. Mai 2012 festgesetzt. Das kam für alle ausgesprochen abrupt, auch für uns. Noch am Abend trafen sich über hundert Piraten in „*Mumble*“, um über unser Vorgehen und die nächsten Schritte zu beraten.

Mumble ist eine Telefonkonferenz-Software, die bei Piraten intensiv in Gebrauch ist. Sie wird als Software auf dem PC, Laptop oder Smartphone installiert und erlaubt dann ein Gruppengespräch per Mikrofon und Lautsprecher sowie per Tastatur und Text-Chat über das Internet. Sie gliedert sich in virtuelle Räume, die thematisch oder regional bezeichnet sind – so können Piraten eines Kreisverbandes oder eines Arbeitskreises sich in „ihrem“ *Mumble*-Raum zu Sitzungen verabreden. Doch es gab auch den „Dicken Engel“, das Äquivalent einer Stammkneipe, zu der man zum Quatschen hingeht, benannt nach einem tatsächlich existierenden gleichnamigen Lokal in Berlin, welches in den Anfängen der Piratenpartei eine besondere Rolle gespielt hatte.

Die Planungen wurden dann relativ schnell konkret: Schon für 10 Tage später wollte der Landesverband zu einer Listenaufstellung der Kandidaten für die kommenden Neuwahlen zum Landtag NRWs einladen. Die Eile war erforderlich, weil trotz der verkürzten Zeit noch Unterstützerunterschriften gesammelt werden mussten und eine Reihe Formalien zu erfüllen sind, bis eine Partei zu einer Wahl zugelassen ist. Und auch ein komprimierter Wahlkampf war zu organisieren und zu führen.

Für mich bedeutete das, dass ich mich sehr plötzlich und sehr konkret mit dem Gedanken auseinandersetzen musste, ob ich für einen Platz auf der Liste kandidieren wollte. Viel Zeit zum Abwägen gab es da nicht.

Ich war zu diesem Zeitpunkt selbstständig mit eigenen Internetprojekten. Es gab also keine Arbeitsstelle zu berücksichtigen, andererseits war mir klar, dass ich meine Selbstständigkeit während einer eventuellen Zeit als Abgeordneter nicht werde weiterführen können. Auch mit meiner Familie musste ich darüber sprechen. Zu der Zeit lebte ich in Trennung, die persönliche Situation war also auch eher turbulent. Und auch meine neue Partnerin musste ich fragen. Ihre Unterstützung würde ich ganz besonders brauchen. In die plötzlich stattfindende Wahlkampfzeit fiel unser geplanter erster gemeinsamer Urlaub, den ich absagen musste. Ich erhielt von allen Seiten Zuspruch, trotz aller Ungewissheit stand mein Entschluss überraschend schnell fest.

Diesmal wollte ich mich klüger anstellen als bei meiner letzten Listenkandidatur 2010: Ich überlegte mir vorher, was ich sagen wollte. Ich überlegte mir, welche konkreten politischen Schwerpunkte ich in einem Landesparlament setzen wollen würde – eine Fragestellung, mit der ich mich zuvor ja noch niemals auseinandersetzen musste. Und ich skizzierte eine Rede. Entsprechend dem Mottos meines Blogs stellte ich sie unter den Titel: „Politik aus Notwehr".

Die Aufstellungsversammlung fand am 24. und 25. März in Münster statt. Da ich nicht der geborene Frühaufsteher bin und nicht schon früh morgens anreisen wollte, habe ich mir in Münster einen Schlafplatz über die Internet-Privatzimmervermittlung *„Airbnb"* gebucht: Ich bekam das katastrophalste Bett, das ich damit je erlebt hatte. Es bestand aus einer Schaumstoffmatratze auf zwei Paletten, welche wiederum auf leeren Bierkästen ruhten. Da die Bierkästen unterschiedliche Höhe hatten, hatte ich im Bett Schlagseite. Ich kam also unausgeschlafen, aber pünktlich in der Halle Münsterland an.

Dabei ist normalerweise auf Parteitagen keine Eile vonnöten: Die ersten Stunden gehen mit Formalien wie der Wahl von Versammlungs- und Wahlleitern, der Feststellung von Geschäftsordnung und Tagesordnung und Vergleichbarem verloren. Bei Wahlen kommen auch noch Diskussionen um die korrekten Wahlverfahren hinzu. Und darin sind Piraten besonders kreativ: Piraten bevorzugen Zustimmungs-Wahlverfahren. Dabei hat jeder Wähler so viele Stimmen, wie es Kandidaten gibt: Er kann also grundsätzlich auch gleich sämtliche Kandidaten wählen. Gewählt ist ein Kandidat nur, wenn er mindestens 50% Zustimmung erhält. Erreichen dies mehrere Kandidaten, gilt die Reihenfolge der Stimmanzahlen. Dieses Wahlverfahren hat mehrere Vorteile: Es ist nicht mehr notwendig, strategisch zu wählen, also etwa seine Stimme nicht seinem Lieblingskandidaten zu geben, der vermutlich keine Chance hat, sondern demjenigen, dem man Chancen ausrechnet und der das geringere Übel ist. Man kann mit Zustimmungswahl tatsächlich sämtliche aus der eigenen Sicht geeignete und akzeptable Kandidaten wählen, auch solche, denen man eher keine Chancen einräumt. Extrem polarisierende Kandidaten haben es schwerer, denn jeder Gewählte kann sicher sein, mindestens die Hälfte der Abstimmenden hinter sich zu haben. Es entsteht eine Liste mit breiter Zustimmung.

Allerdings erfordert diese Form einer Wahl Disziplin unter den Wählern: Es muss tatsächlich jeder akzeptable Kandidat angekreuzt werden. Wer nur seine Erstpräferenz markiert, verringert die Chancen, dass ausreichend viele Stimmen zur Überwindung der 50%-Hürde zusammenkommen. Dann gibt es keine Sieger und dann müssen Wahlen wiederholt werden.

Erschwerend kam hinzu, dass man dieses Mal mehrere getrennte Wahlgänge für verschiedene Listenbereiche durchführen wollte, je nachdem ob der Kandidat sich als Spitzenkandidat für Platz 1-4, für einen Listenplatz bis 20, oder eher für die Reserveliste geeignet sieht. Und natürlich standen weit über 100 Kandidaten zur Wahl. Alleine 55 Leute wollten einen der vier Spitzenplätze besetzen.

Nach Stunden der Debatte über Wahlverfahren folgten Stunden der Vorstellungs- und gegebenenfalls Befragungsrunden der Kandidaten. Auch ich stellte mich am Samstagnachmittag vor. Um 17 Uhr begann dann endlich der Wahlgang.

Das Ergebnis stand am Samstag um 19 Uhr fest: Von allen 55 Kandidaten hatte überhaupt nur einer das Quorum von 50% um Haaresbreite überschritten: Es war Joachim Paul mit 50,75% Zustimmung. Für ihn war im Vorfeld heftig geworben worden. Damit hatten wir also einen Spitzenkandidaten, aber nicht alle vorgesehenen Plätze des Wahlgangs bis Platz 4 besetzt.

Die Stimmung war auf einem Tiefpunkt: Die Tagesordnung sah vor, noch genau zwei Wahlgänge durchzuführen, und es drohte uns eine Liste, auf der dann aufgrund der geringen Zustimmung womöglich nur gerade mal drei

Kandidaten stehen würden – eine Lachnummer, wenn wir unter diesen Umständen in das Parlament gewählt werden, aber nicht genug Personen hätten dahin entsenden können, weil wir es nicht geschafft hatten, uns auf genug Listenkandidaten zu einigen. Zu allem Überfluss würden sich zu den kommenden beiden Wahlgängen noch mehr Bewerber zur Wahl stellen, und alle bekämen erneut Redezeit eingeräumt.

Die Vorstellungsrunde zum zweiten Wahlgang begann dann gegen 20 Uhr, es standen 113 Kandidaten zur Wahl. Die Vorstellungsrunde wurde gegen 22 Uhr unterbrochen, und am Sonntag, nach einer weiteren kurzen Nacht auf meiner Matratze mit Schlagseite, um 9 Uhr morgens fortgesetzt. Die meisten Bewerber verzichteten auf eine erneute Vorstellung. Als ich dran war, appellierte ich an die Versammlung, wegen der Eigenarten des Wahlsystems viele Kreuze zu machen, und verzichtete ebenfalls auf eine zweite Rede. Gegen 13 Uhr am Sonntag begann der zweite Wahlgang. Sicherheitshalber startete man noch während der Auszählung mit der Vorstellung zu einem dritten Wahlgang.

Als am Nachmittag das Ergebnis des zweiten Wahlganges feststand, war die Erleichterung mit Händen zu greifen: Es hatten tatsächlich genau 19 weitere Kandidaten das 50%-Quorum überschritten, ein Ergebnis, mit dem ich niemals gerechnet hätte. Die Anspannung, keine gültige, vollständige Liste erstellen zu können, fiel mit einem Mal ab. Ich selbst fand mich mit Platz 10 im Mittelfeld, aber bei einem für NRW möglichen Wahlergebnis über 5% „sicheren" Listenplatz wieder. Auch damit hatte ich nicht gerechnet.

Um 18 Uhr wurde die Versammlung unterbrochen, und das öffentlich-rechtliche Fernsehen wurde auf dem Beamerbild im Saal eingeblendet. An diesem Tag fand die Landtagswahl im Saarland statt, und die Exit-Polls sollten veröffentlicht werden. Das war die erste Wahl nach dem überragenden Ergebnis in Berlin, es war der Lackmustest, ob sich der Erfolg würde fortsetzen lassen. Zunächst wurde das Ergebnis der FDP angezeigt, die mit 1,2% sogar hinter der Familienpartei lag (selbst fettarme Milch hatte mehr Prozente als die FDP, witzelten wir später). Jubel brandete auf. Dann erschien der Balken der Piraten. Er stieg bis auf 7,4%. Der Jubel im Saal wurde noch wesentlich lauter. Die Erleichterung war so groß, dass zahlreiche Piraten Tränen in den Augen hatten. Auch der dritte Wahlgang konnte noch zu Ende geführt werden und komplettierte die Liste um Ersatzkandidaten. Damit war alles gut. Dass letztlich sogar alle 20 Kandidaten der ersten beiden Runden ins Parlament einziehen würden, das hat vermutlich niemand erwartet.

Komprimierter Wahlkampf

Der Wahlkampf begann sofort und war kurz, aber intensiv. Ein „Piratenbus" war im Einsatz, ein Doppeldeckerbus, welcher mit Piratenplakaten bepflastert war. Luftholen und Innehalten war nicht drin, dafür war die Zeit insgesamt überschaubar. Auch Direktkandidaten wurden wie 2010 wieder aufgestellt, was erneut bedeutete, Unterstützungsunterschriften zu sammeln. Das fiel dieses Mal wesentlich leichter: Jeder Mensch, den ich fragte, hatte zwischenzeitlich von den Piraten gehört, das Echo war überwiegend positiv. Hin und wieder wurde man darauf angesprochen, dass man es nicht gut fände, dass Piraten das Urheberrecht abschaffen wollten (was es dann erst mal zu erklären galt, dass die das doch gar nicht vorhätten). Wenn der Spruch kam, dass die Piraten doch kein Programm hätten, drückten wir ihnen unser gedrucktes

Wahlprogramm in die Hand. Dann kam höchstens noch die Antwort „Wer soll das denn alles lesen?“

Wahlkampf machte noch Spaß. Über die alten Damen, die im Vorbeigehen zeterten, man solle doch besser arbeiten gehen, musste ich lachen. Und immer wieder gab es ermutigende Worte von Protestwählern, dass wir es denen da oben doch mal so richtig zeigen sollten. „Und wenn Sie jetzt noch was gegen die Ausländer tun, dann wähle ich Sie auch“ hieß es allerdings auch einmal im Weggehen. Da dachte ich bei mir: Dann doch lieber bitte nicht, mein Herr. In der Rückschau ist das für mich schon damals ein Zeichen gewesen, dass Piraten Protestwähler anzogen, denen es nicht unbedingt um das Programm ging.

Auch das Presseinteresse war groß: Selbst das flämische Fernsehen hatte ein Team geschickt, das mir beim Wahlkampf auf dem Köln-Lövenicher Wochenmarkt über die Schulter schauen wollte. Manche Journalisten waren ein wenig enttäuscht, dass ich weder Latzhose noch Dreispitz und Augenklappe trug.

Zwischenzeitlich fand ein Bundesparteitag in Neumünster statt. Da die Berliner mit der Politik im Abgeordnetenhaus beschäftigt waren, konzentrierte sich die Vorstandswahl darauf, dass Sebastian Nerz und Bernd Schlömer ihre Vorsitzämter tauschten. Marina Weisband trat nicht mehr an, sie wurde ersetzt durch Johannes Ponader, der zuvor für die BGE-Anträge des Offenbacher Parteitages mitverantwortlich gewesen war. Im folgenden Jahr polarisierte er derartig, dass es die Partei beinahe zerriss – die Intensität dieser Auseinandersetzung ist für mich bis heute nicht erklärbar. Ponader als arbeitsloser Lebenskünstler und Theaterspieler mit Einserabitur, und Schlömer als Angestellter im Bundesverteidigungsministerium und späteres FDP-Mitglied waren inkompatibel. „Ich würde Johannes Ponader raten, mal zu arbeiten, anstatt Modelle vorzustellen, die die Berufstätigkeit umgehen" sagte

Schlömer einmal in einem Interview mit dem Spiegel. Das war ein denkbar ungünstiger Spruch, der die Entscheidung für das Bedingungslose Grundeinkommen des Offenbacher Parteitages in Frage stellte. Diese öffentlichen Auseinandersetzungen zwischen Ponader und dem neuen Vorsitzenden Schlömer haben der Partei nachhaltig geschadet, und sind sicher für den Misserfolg bei der Bundestagswahl im folgenden Jahr mit verantwortlich.

Doch auch Christopher Lauer haderte mit der Person Johannes Ponader. Er schickte ihm einmal eine SMS mit dem folgenden Text: "Lieber Johannes, wenn Du bis morgen 12:00 Uhr nicht zurückgetreten bist, knallt es ganz gewaltig. Ich seh mir nicht mehr länger schweigend und untätig an, wie Du meine Partei gegen die Wand fährst. Gruß, Christopher". Johannes machte diese SMS umgehend öffentlich. Das war nicht nett von Christopher, im Gegenteil. Doch es war auch alles andere als klug, dass Johannes damit sofort die öffentliche Bühne suchte.

Auch Julia Schramm, die in den neuen Vorstand als Beisitzerin gewählt wurde, polarisierte. Sie hatte zuvor ein Buch geschrieben, für das sie einen Vorschuss ihres Verlages von 100.000 Euro kassierte hatte, ein Umstand, der ihr ausgesprochen übel genommen wurde. Als bekennende Feministin und Post-Privacy-Aktivistin hatte sie auch Privatsphären-„Aluhüte“ und Post-Gender-Fetischisten gegen sich. Eine Kultur, unterschiedliche Flügel im Parteispektrum zu akzeptieren, gab es nie.

Nachdem die Partei in den vergangenen Monaten Probleme mit Rechtsaußen-Piraten hatte und auf dem Parteitag in Neumünster eine dieser Personen mit provozierendem Plakat auftauchte, beschloss der Parteitag eine Holocaust-Entschließung, um der relativierenden Meinungsdiskussion einen Riegel vorzuschieben: *„Die Piratenpartei Deutschland erklärt, dass der Holocaust unbestreitbar Teil der Geschichte ist. Ihn unter dem Deckmantel der Mei-*

nungsfreiheit zu leugnen oder zu relativieren widerspricht den Grundsätzen unserer Partei." Ein wichtiges Zeichen, welches auch in der Presse wiedergegeben und in der Öffentlichkeit rezipiert wurde. Auf diesen Beschluss des Parteitages in Neumünster, an dem ich mitwirken durfte, bin ich noch heute sehr stolz. Mit dem Ausschluss solcher Rechtsaußen-Piraten aus der Partei hat es dann aber nicht so richtig geklappt.

Plötzlich Parlamentarier

Die Wahl zum Landtag des Landes Nordrhein-Westfalen der vorgezogenen 16. Wahlperiode fand am 13. Mai 2012 statt. Den Wahlabend verbrachten wir im Düsseldorfer ZAKK. Der ganze Abend fühlte sich vollkommen unwirklich an: Die Verkündung des Ergebnisses, das Gruppenfoto der Gewählten auf der Bühne, der Jubel des Publikums. Immer mehr Überhangmandate kamen hinzu, da die SPD im Land mehr Direktwahlkreise geholt hatte als ihr nach dem Prozentsatz der Zweitstimmen Sitze im Parlament zugestanden hätten: Die Anzahl unserer Sitze stieg und stieg. Ich denke, die damaligen Kollegen der Piratenfraktion auf den Plätzen ab 15 hatten nicht unbedingt mit ihrem Einzug in den Landtag gerechnet. Die Piraten erreichten 7,8% und bekamen schließlich 20 Mandate zugesprochen.

Später am Abend wurden wir von einem gecharterten Bus in den Landtag gebracht. Wir setzten uns probeweise auf die Plenarbänke und wurden dabei fotografiert. Und am nächsten Nachmittag trafen wir uns zu einer ersten Fraktionsbesprechung in einem kleinen Besprechungsraum im Landtag. Selbst da konnte ich noch nicht wirklich realisieren, was gerade passiert war.

Mit der amtlichen Feststellung des Wahlergebnisses am 25. Mai galten wir offiziell als Mitglieder des Landtages.

Das war zugleich auch der „Towel-Day", an dem die Fans der Science-Fiction-Komödie „Per Anhalter durch die Galaxis" mit dem Tragen von Handtüchern des verstorbenen Autors Douglas Adams gedenken. Das Nerd-Herz war gerührt.

Am 31. Mai fand die konstituierende Sitzung des Landtags statt. Nachdem der Einzug der Piraten in Berlin großes mediales Interesse hervorgerufen hatte, waren einige hochbezahlte Pressefotografen angereist, um markante Bilder von uns zu schießen. Man hoffte auf ein ähnlich starkes Bild wie bei „Faxe" Gerwald Claus-Brunner im Berliner Abgeordnetenhaus, der zur Konstituierung in orangener Latzhose und mit Bandana um den Kopf erschien. Wir waren jedoch für die Fotografen eine Enttäuschung: Die Männer erschienen im Jackett oder Anzug, es gab weder Augenklappe, farbige Haare noch orangene Fahnen zu sehen. Prompt titelte die Lokalpresse: „Brave Piraten ziehen in den Landtag ein". Schon äußerlich unterschieden wir uns unverkennbar von den Berlinern. Das Bemühen, nicht als Chaostruppe wahrgenommen zu werden, war von Beginn an deutlich zu spüren.

In relativ kurzer Zeit mussten wir eine Fraktion aus dem Boden stampfen. Dazu gehörte es, Mitarbeiter auszusuchen und einzustellen, Satzungen auszuarbeiten und einen Fraktionsvorstand zu wählen. Keiner von uns hatte parlamentarische Erfahrung. Wir stellten also einige Mitarbeiter aus der zuvor aus dem Landtag gewählten LINKEN ein, um deren Erfahrung für uns zu nutzen. Nur etwa die Hälfte der Mitarbeiter waren zugleich auch Piratenpartei-Mitglieder.

Die ersten Wochen im Landtag waren mehr als unwirklich. Es dauerte einige Zeit, bis ich realisiert hatte, tatsächlich Parlamentarier zu sein. Unsere Aufnahme durch die Verwaltung und die anderen Parteien war distanziert-freundlich, nachdem man relativ schnell festgestellt hatte, dass die NRW-Piraten dem befürchteten, von den Medien gezeichneten Bild der bunthaarigen Dreispitzträger nicht entsprachen.

Der Landtagsbau ist ein sehr schönes Gebäude unmittelbar am Rheinufer mit vielen runden und halbrunden Bauelementen. Ich habe mich noch monatelang im Bau verlaufen und finde mich in manchen Bereichen bis zum heutigen Tage immer noch nicht richtig zurecht. Da zuerst die LINKE aus ihren Büros ausziehen musste, und die anderen Fraktionen nach ihrer veränderten Größe ebenfalls Räume zugewiesen bekommen mussten, dauerte es eine geraume Zeit, bis wir endlich unsere eigenen Büros beziehen konnten. Der Fraktionssaal war wie viele andere Merkmale des Landtagsbaus auch ebenfalls rund, mit einem atemberaubenden Blick auf den Rhein. Die Büros waren sehr unterschiedlich geschnitten – manche Premium-MdLs saßen sehr schnell in einem großzügigen Büro; mir allerdings war das nicht wichtig genug – ich war zufrieden mit dem allerletzten Büro hinten im obersten Stock, das ich mir mit meinen zwei Mitarbeitern teilte. Allerdings hatte ich so keinen Platz mehr für eventuelle Praktikanten.

Dienstags hielten wir unsere Fraktionssitzungen ab. Diese wurden aufgezeichnet und live ins Internet übertragen. Unser Anspruch an Transparenz politischer Prozesse war dabei gnadenlos: Möglichst alle Besprechungen, alle Themen sollten live über den Äther gehen. Zwar war das Interesse an diesen Übertragungen in der Regel nur gering, es gab aber ausreichend Gelegenheit, öde Formal- oder Tooldiskussionen zu zeigen, sich selbst in endlosen Monologen zu präsentieren und den aggressiven Diskussionsstil vorzuführen, der die Partei auch sonst erfüllte.

Seit den 1920er Jahren ist der gruppendynamische Hawthorne-Effekt bekannt, mit dem nachgewiesen wurde, dass sich Probanden einer Studie anders verhalten, sobald sie wissen, dass sie Teil eines Experimentes sind und unter Überwachung stehen: Das Wissen um Beobachtung verändert das Verhalten. Natürlich haben sich auch die Fraktionsmitglieder unter dem Brennglas öffentlicher Beobachtung in eine solche geschauspielerte Rolle begeben. Dass diese Verhaltensänderung sowohl die Funktionsfähigkeit der Gruppe als auch die zu erzielenden Ergebnisse beeinflusst, hat sich im Verlaufe der folgenden Jahre immer wieder gezeigt. Eigentlich sollten Piraten diese Effekte kennen, weil sie auf genau dieselbe Wirkung staatlich organisierter Überwachung bei den Menschen hingewiesen hatten. Und als Nerds sollten sie die Heisenbergsche Unschärferelation kennen. Schrödingers Katze sollte man nicht alleine dadurch umbringen, dass man unbedingt nachsehen muss, ob sie noch lebt: Neugier tötet die Katze.

Die Lernkurve für uns im Landtag musste steil ausfallen. Ich wurde Mitglied im Ausschuss für Wirtschaft und Energie sowie im Ausschuss für Kultur und Medien, in welchem ich auch zum stellvertretenden Vorsitzenden gewählt wurde. Stellvertretendes Mitglied wurde ich im Hauptausschuss sowie im Ausschuss für Wissenschaft und Innovation. Ich hielt meine erste Plenarrede – mir war offenbar so heiß, dass sich die Sohle von meinem Schuh löste.

In einer meiner ersten Plenarreden kritisierte ich die Fixierung auf das „Wachstum“ als primäres Wirtschaftsziel in einem Antrag von SPD und Grünen. Dabei sollte doch eigentlich seit dem Erscheinen der Studie „Die Grenzen des Wachstums“ des Club of Rome 1972 der Traum vom ewigen Wachstum ausgeträumt sein. Jedem, der sich ein wenig mit Exponentialfunktionen auskennt, dem ist doch sonnenklar, dass es andauerndes, unbeschränktes Wachstum nicht geben kann: Stetig steigende Funktionen führen direkt in eine mathematische Katastrophe. Nachhaltig erfolgreiches Handeln kann nicht auf ständiges Wachstum angewiesen sein, da Ressourcen, Land und Umwelt nicht unendlich sein können. Ich bat die Regierungskoalition, uns allen den Gefallen zu tun, sich der Nachhaltigkeit statt des Wachstums als Ziel zu verpflichten, im Sinne unserer Kinder und Nachfahren. Natürlich wurde dieser Antrag abgelehnt, auch mit den Stimmen der Grünen. Die Fixierung auf Wirtschaftswachstum hält alle diese Parteien gefangen.

Und ich begann mit einem meiner neuen Hobbies, dem Schreiben von kleinen Anfragen. Mit einer solchen Anfrage kann man der Landesregierung bis zu fünf Fragen zu einem Thema stellen, die diese innerhalb von vier Wochen schriftlich zu beantworten hat. Die Ergebnisse dienen dazu, Transparenz herzustellen, Änderungen anzustoßen oder parlamentarische Anträge vorzubereiten. Doch im Prinzip handelt es sich um eine Art Duell: Die Herausforderung liegt darin, Fragen so zu stellen, dass die Landesregierung sich nicht um eine Antwort herummogeln kann. Und darin ist sie kreativ. Als ich einmal die Frage stellte, welche Risikovorsorge die Landesbank für Zins-Swap-Geschäfte trifft, antwortete sie mit: Diejenige, „die sie für derzeit angemessen hält“. So konnte man mir antworten, weil ich nicht nach der exakten Höhe der Vorsorge gefragt hatte.

Oft nutzte ich die kleinen Anfragen als Schrotgewehr zum Schuss ins Blaue, in der Hoffnung, dass irgendwo etwas umfällt. Und manchmal hat es sogar funktioniert.

Größtenteils harmlos

Die Erwartungen an die junge Piratenfraktion waren extrem hoch. Obwohl nach der konstituierenden Sitzung zunächst die Sommerpause begann, die wir für Aufbau und Organisation, für Bewerbungsgespräche und Logistik verwandten, also keinerlei parlamentarische Sitzungen stattfanden, kamen aus der Piratenbasis nach etwa vier Wochen die ersten Fragen nach den „Gesetzen, die die Fraktion erlassen hätte“. Es wurde völlig missachtet, dass es für eine kleine Oppositionsfraktion quasi unmöglich ist, einen tatsächlichen Gesetzentwurf durch die Regierungsmehrheit bestätigt zu bekommen, und dass selbst ein regulärer Gesetzgebungsprozess weder schon begonnen haben noch auch nur annähernd zu Ende gebracht sein konnte.

Die Berichterstattung schoss sich sehr bald auf die „chaotischen Piraten“ ein. Als wir abends nach langen Besprechungen die Pizzakartons in der Kantine auf einem Thekenwagen ordentlich stapelten, weil wir noch ohne Büros keinen Zugang zu den Müllcontainern hatten, hieß es am nächsten Morgen in der Presse, wir hätten den Abfall in der Küche herumgeworfen. Jeder Schritt wurde beäugt und auf sein Comedypotential abgeklopft. Das führte dazu, dass die Fraktion allgemein sehr vorsichtig agierte: Zu angepasst, zu leise, zu konsensuell. Vor Anträgen wurde beispielsweise lange diskutiert, ob die Zeit jetzt reif sei, ob sich andere Fraktionen vor den Kopf gestoßen fühlen könnten, ob man nicht vorher mit den anderen reden müsse. Selbst die negative Berichterstattung in der BILD galt als Argument, dass man jedes Verhalten, was zu solchen Nachrichten führen könnte, unbedingt zu vermeiden habe. Der soziale Druck innerhalb der Fraktion verhinderte, dass jemand aus der Reihe tanzte. Wir galten unter den Kollegen der anderen Fraktionen daher womöglich als kompetent und konstruktiv, aber: Man konnte uns eben auch einfach ignorieren. Wir waren harmlos. Dennoch lernte die Fraktion daraus nie. Es fanden sich keine Mehrheiten, diesen Zustand wirklich zu ändern. Es fand sich kein Mut, das Potential des Aufruhrs positiv zu nutzen und damit die gewünschten Inhalte zu transportieren.

Es zeigte sich auch, dass es keine funktionierende politische Anbindung der Basis gab. Die naive Vorstellung, dass wir nun ganz viel politischen Input bekommen würden, der sich parlamentarisch in Anträge, Gesetze und Anfragen verwandeln ließ, mussten wir schnell aufgeben. Auch Feedback zu anstehenden Abstimmungen als „verlängerter Arm der Basis im Parlament“, als den wir uns teilweise sahen, ließ sich nicht einholen, da sowohl die Werkzeuge dafür als auch der Wille dazu fehlten. Aber auch eine konstruktive politische Debatte innerhalb der Fraktion um gemeinsame politische Positionen kam nicht in Gang. Fachliche Arbeitskreise, die in der Fraktion eingerichtet wurden, dienten einzelnen Kollegen zum Monologisieren, andere Kollegen erschienen einfach nicht. Überhaupt wurden die meisten Terminabsprachen als eher unverbindlich angesehen. Sitzungen begannen nicht pünktlich, mehr als einmal war ich bei solchen Besprechungen alleine. Zu- oder Absagen gab es nur in seltenen Fällen. Tatsächlich, so musste ich feststellen, hatten die wenigsten meiner Kollegen überhaupt eine Vorstellung, was sie konkret in diesem Parlament machen wollten.

Sehr bald pendelte sich ein Vorgehen ein, dass diejenigen, die eine politische Fragestellung bearbeiten wollten, das einfach taten und der Fraktion die Ergebnisse zur Abstimmung vorlegten. Ich machte das dann auch so. Andere taten einfach nichts. Befasste sich ein vorgelegter Antrag mit einem Thema, das die Mitglieder der Fraktion nicht allzu sehr interessierte, wurde er widerspruchslos durchgewunken. Bei manchen Themen wollten alle mitreden – und taten es auch. Problematische Themen wurden gewälzt und solange diskutiert, bis sie kaputt waren. Problematische Entscheidungen wurden oft so lange verschoben, bis sie sich von selbst erledigt hatten, oder sie wurden trotz Beschluss einfach nicht umgesetzt. Probleme schwieg man aus und diskutierte lieber über Satzung und

Werkzeuge. Die Vereinsmeierei, die Bevorzugung von Form statt Inhalt, Selbstbeschäftigung, der allgemeine Jurismus der Partei fand in der Fraktion in mindestens dem gleichen Maße statt, wie er jede andere Gliederung der Partei erfüllte.

Die Grenzen der Transparenz

Die Stimmung drehte sich im Laufe des Jahres gegen die Piraten. Immer mehr wurde über Fehltritte und Chaos in der Partei berichtet. Was früher noch als liebenswert galt, war nun unprofessionell. Es gab keinen Bericht in der Zeitung über die Piratenfraktion, der nicht auf deren exorbitante Diäten einging. Im Blog „Popcornpiraten" konnte man täglich die neuesten Ausfälle und den aktuellsten Irrsinn der Partei verfolgen: Dank der offenen Diskussionskultur auf Mailinglisten und in sozialen Medien riss der Strom von Material niemals ab. Dieser Eindruck transportierte sich dann auch über die Medien, denn aktuelle Vorlagen über Chaos und Zerfleischung in der Partei konnte ein Journalist zuhauf finden. Auch politisch problematische Äußerungen einzelner Mitglieder ließen sich leicht aufspüren und blieben in der Regel unwidersprochen. Die Piraten sprachen von „Gates", in Anspielung auf den Watergate-Skandal. Natürlich strahlte jede dieser Handlungen auf die anderen Mitglieder ab und auf die Partei als Ganzes.

Die Piraten waren sich uneins, wie weit die Transparenz in der Partei gehen sollte. Jeder politische Prozess sollte am besten direkt von Anfang an öffentlich sein. Einen geschützten Raum, Ideen zu entwickeln, gab es nicht: Sofort setzte Missbilligung und Anfeindung ein, und jeder Gedanke wurde schon im Anfangsstadium diskutiert und zerrieben. Ideen, die zu spät in einem zu fortgeschrittenen

Zustand präsentiert wurden, galten als intransparent entstanden und daher als böse. Natürlich war so strategische Politik unmöglich.

Jeder Fehler wurde ans Licht gezogen, gnadenlos gewälzt und endlos repetiert. Eine verzeihende Fehlerkultur gab es nicht. Die Transparenzforderungen erstreckten sich grundsätzlich auch auf private Verhältnisse oder Finanzen von Mandatsträgern.

Wir stießen damit an die Grenzen der Transparenz: Sicher gibt es in jeder anderen Partei genau dieselben Auseinandersetzungen und Differenzen, auch persönlicher Natur. Doch da diese nicht immer auf diese Weise öffentlich stattfinden, haben sie keine vergleichbare destruktive Wirkung wie bei Piraten.

Doch anstatt den innerparteilichen Umgang als Problem zu erkennen, machten die verantwortlichen Führungspersonen die Augen und Ohren zu. Destruktiver Diskussionsstil war üblich und wurde grundsätzlich öffentlich ausgelebt. Während sich Vorstandsmitglieder der Presse gegenüber abfällig über ihre Kollegen äußerten, zogen Fraktionsmitglieder und deren Mitarbeiter ebenso öffentlich per *Twitter* übereinander her. All das blieb jeweils ohne Konsequenzen. Nicht denkbar, dass ein Arbeitgeber akzeptieren würde, wenn ein Angestellter in dieser Form über ihn herziehen würde: In der Piratenfraktion war das üblich. Es gab keinen Konsens, strittige Punkte zunächst intern zu klären, es wurde direkt die große Bühne gesucht – wenigstens aber die öffentliche Mailingliste und *Twitter*, unter Berufung auf Meinungsfreiheit und Transparenz. Und nicht nur das, oft bekam der Blog „Popcornpiraten“ sein Material direkt aus der Partei zugespielt. Und wenn das noch nicht reichte, achtete man bei *Twitter*-Diskussionen auch darauf, in Streitgesprächen Redakteure der BILD-Zeitung zu erwähnen, auf dass diese auch ja auf den neuesten Skandal aufmerksam würden.

Das Bild der Geschlossenheit wurde in dieser Zeit nachhaltig und gründlich zerstört, in meinen Augen der Hauptgrund für den Niedergang der Piraten.

Politik 1.0

Die nahende Bundestagswahl 2013 warf ihre Schatten voraus. Die ersten Kandidaten brachten sich in Stellung. Die ersten Strippen wurden gezogen. Und nicht nur das, es begannen klassische Schmutzkampagnen, die man eigentlich nur in Parteien des alten Stils erwartet hätte. Obwohl ich kein Interesse an einer Kandidatur für die Bundestagsliste hatte und das auch klar äußerte, wurde ich als Ziel einer solchen Kampagne auserkoren. Vermutlich war die Position als Kreisvorsitzender Köln, die ich zu der Zeit noch innehatte, reizvoll, denn man konnte mit so einer Funktion natürlich innerparteiliche Sichtbarkeit herstellen, was die Wahlchancen in einer Aufstellungswahl verbessert.

Mein ehemaliger Kreisvorstandskollege N. und der ebenfalls aus Köln stammende Pirat A., der später auf der Europaliste stehen sollte, waren ganz weit vorne mit dabei. N. war grundsätzlich derjenige mit der größten Piratenfahne auf Demonstrationen und tingelte als „Versammlungsleiter" von einem Parteitag zum nächsten. Geschickt kombinierten die beiden Gerüchte mit Halbwahrheiten, bisweilen auch mit glatten Lügen, und verbreiteten sie auf *Twitter*, *Mumble* und auch bei ihren zahlreichen Besuchen auf auswärtigen Stammtischen. Vorzugsweise ging es ihnen um den „unfähigen Kölner Vorstand", dessen Vorsitzender ich war. Ich war nicht das erste Opfer der beiden, sie hatten in der Vergangenheit beispielsweise durch unangekündigte Hausbesuche schon andere Piraten einzuschüchtern versucht. Sie instrumentalisierten dazu auch auswärtige Piraten, die mich nicht kannten, und hetzten sie mit Falschaussagen und Gerüchten auf. Deren ehrliche Empörung konnten sie dann wiederum als neue Argumente gegen mich nutzen. Ich hatte diesem Mechanismus nichts entgegenzusetzen.

Ich ging damit im September 2012 auf dem Kölner Stammtisch in die Öffentlichkeit. Einer der Menschen, der mich – aufgestachelt durch eine solche Verleumdung – öffentlich angegriffen hatte, war ebenfalls gekommen und stand für eine Aussprache zur Verfügung, er bestätigte meine Angaben. Er beschrieb, wie A. ihm erklärt hätte, wie ich angeblich eine Solidaritätsadresse für einen homosexuellen Piraten für meine eigene Reputation gekapert haben sollte. Er berichtete, wie sie sich dann gemeinsam eine Strategie überlegten, „mir am Bein zu ziehen", wie er das nannte. Wir müssten in Zukunft mit einer neuen Art „Krieg" in sozialen Medien rechnen, meinte er. Die Anwesenden des Stammtisches waren sichtlich geschockt. Ich erhielt sehr viel Solidarität von meinem Kreisverband, in der Folge schrieb ich einen emotionalen Blogpost, in dem ich meinen Kreisverband gegen Angriffe der beiden in Schutz nahm. Leider musste ich meine Meinung schon ein halbes Jahr später sehr anders formulieren.

Das tut uns leid

Ich freue mich immer, wenn das Internet neue Phänomene hervorzaubert, von denen man sonst womöglich nie erfahren hätte. Im Herbst 2012 war das der Südkoreaner „Psy" mit seinem „Gangnam Style". Psy war in seiner Heimat bereits seit einigen Jahren mit K-Pop erfolgreich, er hatte dort bereits sechs Alben veröffentlicht. Das Erfolgsrezept seines Hits „Gangnam Style" war simpel: Ein lustig-alberner Tanzstil, einfach-effektive elektronische Discomusik, und ein koreanischer Text, der sich mit dem luxuriös-mondänen Lebensstil des Stadtviertels Gangnam in Seoul befasst.

Der Musikclip des Künstlers wurde insgesamt über zwei Milliarden Mal angesehen, er ist für alle diese Nutzer kostenlos bei *YouTube* verfügbar. Über neun Millionen Besuchern hat der Clip so gut gefallen, dass sie ihn mit dem kleinen Daumen-hoch-Symbol positiv bewertet haben. Damit ist dieses Video das erfolgreichste *YouTube*-Video aller Zeiten, es hat dafür einen eigenen Eintrag im Guinnessbuch der Weltrekorde bekommen.

Psy hat damit weltweit Erfolg gehabt – in vielen Ländern der Welt ist sein Song in den Charts gewesen, zum Beispiel in Deutschland und Großbritannien bis auf Platz 1, in den USA bis auf Platz 2. Auch in den *iTunes*-Charts hatte es der Song bis auf Platz 1 geschafft – trotz der Tatsache, dass er kostenlos bei *YouTube* verfügbar war. Es ist davon auszugehen, dass das Lied damit auch kommerziell ausgesprochen erfolgreich gewesen sein dürfte.

Ist dieser Song nun trotz oder wegen der vielgescholtenen „Kostenloskultur" des Internets so erfolgreich geworden? Hätte Psy ebenfalls einen weltweiten Erfolg mit seinem Stück gehabt, wenn sein Video nicht gratis im Internet verfügbar gewesen wäre? Oder ist nicht eben genau dieser Erfolg ein Indiz dafür, dass durch das kostenlose Anbieten von Inhalten im Internet die Künstlerszene gerade nicht verarmt, sondern dass sich damit ganz neue Chancen und Möglichkeiten ergeben – auch kommerzieller Art? Denn oft sind es gerade die Nutzer, die den Song kostenlos im Internet sahen, die ihn sich anschließend auch kaufen.

Der Clip hat Menschen auf der ganzen Welt angeregt, eigene Versionen, Remixe und Parodien des Videos herzustellen und im Internet zu zeigen. Da gab es „Klingon Style" – eine klingonische Version im Star Trek-Stil, „Opa

Gandalf Style“, eine Herr-der-Ringe-Parodie, und selbst einen „Mitt Romney Style“ gab es, eine Parodie auf den amerikanischen konservativen Präsidentschaftskandidaten – jedes dieser Videos wurde wiederum millionenfach angesehen. Dies ist ein Füllhorn an schrägen Ideen, Kreativität und Kunst. Zugleich ist das alles – streng genommen – ein Urheberrechtsverstoß, gestohlenes geistiges Eigentum, geklaute Musik – zumindest im Rechtsverständnis der Content-Industrie und der Verwerter. Weltweit werden solche Remixe und „Mash-Ups“ verfolgt und aus dem Netz geklagt, obgleich sie so oft über einen ganz eigenen künstlerischen Wert verfügen. Die Remix-Kultur, die das Internet und die digitalen Medien überhaupt erst ermöglicht hat, wird intensiv bekämpft. Psy hingegen hatte ausdrücklich dazu aufgerufen.

Und in Deutschland? Das Video auf dem offiziellen *YouTube*-Kanal des Künstlers ist in Deutschland nicht verfügbar, da die *GEMA* der Plattform *YouTube* die in Deutschland erforderlichen Rechte nicht eingeräumt hat – obwohl das der ganz offizielle Kanal des Künstlers ist. Damit können Deutsche das Video nicht ansehen. Das tut mir leid. Auch und gerade für die Künstler.

2013

Die Stiefgroßeltern führten für jedes Jahr ein Fotoalbum, in das sie Zeitungsberichte und Fotos einklebten, und mit kurzen Sätzen die Ereignisse der Zeit beschrieben. Die Alben stehen noch heute im Haus. Jeder Gast, der kam, wurde ebenfalls fotografiert, und konnte sich im nächsten Jahr selbst im Album ansehen. Es war ein festes Ritual, das Foto gemeinsam vor der Abfahrt vor dem Haus aufzunehmen.

Manchmal holten die „Alten“ auch ein altes Fotoalbum heraus, und erzählten Anekdoten. Manche Geschichten wurden alle paar Jahre wieder hervorgeholt und neu erzählt, sie veränderten sich nie.

Die beiden hatten schon früher in ihrer Studentenzeit in Italien gelebt. Während des zweiten Weltkrieges war er als Studentenvertreter im Diplomatischen Dienst nach Italien entsandt worden. Besonders gerne und häufig erzählte er die Anekdote, wie er auf einem Staatsempfang beim Kronprinzen und späteren König Umberto II. zusammen mit all den wichtigen Männern auf den Balkon des Palastes in Siena gespült wurde und dem Volk unter ihnen huldvoll zuwinkte. Aber über Nationalsozialismus, Faschismus oder Krieg sprach der „Alte“ nicht.

Der Gaza-Streifen ist kein Konzentrationslager

Am Volkstrauertag im November 2012 nahm mein damaliger Fraktionskollege Dietmar Schulz an einer Gedenkveranstaltung auf einem jüdischen Friedhof teil. In dieser Zeit war der Nahost-Konflikt gerade wieder eskaliert, Raketen wurden von Gaza aus nach Israel abgeschossen, und Israels Luftwaffe bombardierte die Stellungen der Hamas im dicht besiedelten Gazastreifen. Dietmar setzte den folgenden, denkwürdigen Tweet ab: *„Grotesk: Gedenken der Opfer von Gewaltherrschaft und Krieg auf jüdischem Friedhof während Israel bombt was das Zeug hält – Volkstrauertag"*. Die Verbindung zwischen dem Holocaust einerseits und dem Nahostkrieg andererseits, die er da hergestellt hat, war ausgesprochen dumm und unpassend. Dietmar hat sich (allerdings erst nach einem gründlich misslungenen Rechtfertigungsanlauf) dafür öffentlich entschuldigt.

Dabei gibt es in Israel genug zu kritisieren, ohne dass man zu Dämonisierung oder zu Vergleichen mit dem Dritten Reich greifen muss: Die rechtsgerichtete Regierung. Die fortgesetzte Landnahme und Vertreibung durch die katastrophale Siedlungspolitik. Bevorzugung orthodoxer Gruppen. Probleme der Pressefreiheit. Überzogene Härte von Militär und Polizei. Benachteiligung der arabischen Minderheit im Land.

Die humanitäre Situation in Gaza ist erbarmungswürdig. Die Menschen leben in Not und struktureller Gewalt, Israel trägt zu diesen Zuständen bei. Das ist alles legitime Kritik, die man auch unter Freunden äußern kann und muss. Man sollte Israel in diesen Punkten eben nicht anders behandeln als irgendeinen anderen Staat in der Welt, weder im Guten noch im Schlechten.

Es muss aber möglich sein, Kritik an den Zuständen im Nahen Osten auch ohne Nationalsozialismus-Vergleiche zu äußern, und ohne Israel das Existenzrecht abzusprechen – genauso, wie Palästinenser selbstverständlich jedes Recht haben, in einem Staat friedlich und selbstbestimmt zusammenzuleben. Es muss möglich sein, Kritik an Israel, seiner Regierung und seiner Politik nicht zu einer Diskriminierung von Juden und damit zu Antisemitismus werden zu lassen.

Deutschland hat aus dem zweiten Weltkrieg für sich die folgende Lehre zu ziehen: *„Nie wieder Krieg! Nie wieder Faschismus! Nie wieder Militarismus!"* Israel hingegen hat eine ganz andere Lehre gezogen, sie heißt: *„So etwas darf uns nie wieder passieren! Nie wieder wehrlos!"* Und ich finde das vollkommen nachvollziehbar: Aus gutem Grund, aus eigener Verantwortung sollten wir uns mit einer Verurteilung dieser Haltung sehr zurückhalten. Es sollte unsere Aufgabe sein, Israel aus seiner Vorwärtsverteidigungs-Haltung durch unsere verlässliche Solidarität herauszuhelfen, ohne dabei die Palästinenser zu benachteiligen. Die Gewalt von beiden Seiten, sowohl die Raketen der Hamas als auch die Bombenangriffe der israelischen Armee sorgen jedenfalls nur für Leid und Tod, niemals für Frieden.

Insgesamt aber haben wir wohl sehr viel weniger Einfluss als wir meinen, der Nahostkonflikt geht uns letztlich ganz genauso viel an wie jeder andere Konflikt auf dieser Welt. Aber wir sollten die Augen sehr offen halten, wenn es in unserem eigenen Land um die drei D's des modernen Antisemitismus antiisraelischer Prägung geht: Dämonisierung, Doppelstandards, Delegitimation.

P. ist Islamwissenschaftlerin und ehemaliges SPD-Mitglied. Aufgrund der unentschlossenen Haltung der Sozialdemokraten zu ihrem Genossen Thilo Sarrazin war sie aus der SPD ausgetreten. Seit April 2013 war sie Mitglied der Kölner Piraten. Ihr Lieblingsthema: Der Nahost-

Konflikt, dessen Verantwortung sie allerdings einzig und allein Israel zuschob. Auf den Piraten-Diskussionslisten, auf denen sie außerordentlich umtriebig war, nahm sie Dietmars Äußerung natürlich sofort in Schutz. Mehr noch: Es folgten zahlreiche antisemitisch zu empfindende oder holocaustrelativierende Sprüche, wie etwa, dass der Gaza-Streifen ein Konzentrationslager sei. Zionismus könne man mit Nationalsozialismus vergleichen und außerdem strebe er nach der Weltherrschaft, sagte sie.

Ihre Sprüche zogen innerparteiliche, später auch mediale Kreise. Auf Versuche, sie intern zur Mäßigung und Rücknahme ihrer Ausfälle zu bewegen, reagierte sie bockig. Eine Distanzierung und eine sichtbare Maßnahme mussten also her. Und der Kölner Vorstand als Leitung der zuständigen Gliederung war dafür verantwortlich.

Im Dezember hatte der Kreisvorstand deswegen mehrere stundenlange Vorstandstagungen. Ich wollte die Mailinglisten von Köln auf moderiert stellen, also jeden neuen Beitrag vor der Veröffentlichung zunächst prüfen und freischalten lassen, um eine weitere Eskalation der Angelegenheit und Verbreitung der Auseinandersetzungen zu verhindern, sowie um die kritischen Aussagen offline zu nehmen – und erhielt mit Verweis auf die Meinungsfreiheit keine Mehrheit für eine solche Maßnahme im Vorstand. Immerhin beschlossen wir, parteiordnende Schritte als Vorstand beim zuständigen NRW-Schiedsgericht des Landesverbandes zu beantragen. Wegen Privatsphären- und Datenschutz-Argumenten war es aber nicht möglich, diesen Umstand innerhalb der Partei bekanntzugeben. Prompt fand ich mich selbst mit Antisemitismus-Vorwürfen konfrontiert, denn ich würde als zuständiger Vorsitzender nichts unternehmen, hieß es. Diese Zerreißprobe machte mich auch körperlich fertig, ich erlitt einen Hörsturz, einen Bandscheibenvorfall und hatte wochenlang mit Infektionen zu kämpfen. Noch über ein Jahr später erfuhr ich, dass mein spezieller Kölner Parteikollege *A.* mich als „P.-Beschützer" bezeichnete und damit in die Nähe von Antisemitismus rückte.

Angesichts der Machtlosigkeit in meinem eigenen Vorstand und meiner eigenen Betroffenheit in der Sache ließ ich mein Amt als Vorsitzender zunächst ruhen. Für den kommenden Kreisparteitag, der am 14. Januar angesetzt war, stellte ich entsprechende Anträge, die eine deutliche Distanzierung vom Inhalt der Aussagen und der Person zum Ziel hatten.

Der Parteitag war der bestbesuchte Kölner Parteitag aller Zeiten. Die vorangegangenen Auseinandersetzungen hatten viele externe Besucher angelockt. Zu Beginn las der Kölner Journalist und Pirat Peter Finkelgruen, selbst als Kind verfolgter Juden auf der Flucht vor den Nazis in der Diaspora geboren, einen Text vor, in dem er sein Entsetzen über die Aussagen P.s zum Ausdruck brachte. Seine Erschütterung anzusehen ist der schmerzlichste Moment meiner Parteierinnerungen. Ihm standen die Tränen in den Augen.

Als es um die Vorstellung meiner Anträge ging, erzählte ich von eigener Familiengeschichte und Betroffenheit. Peter Finkelgruen hatte den Eindruck gewonnen, dass die Stimmung sich in diesem Moment gegen mich wandte, so sagte er später in einem Interview – Ich selbst kann das nicht so genau sagen.

Die Abstimmungen zu meinen Anträgen fanden dann nicht öffentlich statt. Es gelang mir zwar, eine Distanzierung vom Inhalt der Aussagen mehrheitlich feststellen zu lassen. Als es aber darum ging, durch die Versammlung den Antrag auf Parteiausschluss von P. zu beschließen, gab es einen Eklat: Dafür fand sich keine Mehrheit. Das Hauptargument war, dass wir keine juristische Bewertung treffen sollten, auch das Argument der Unschuldsvermutung wurde vorgebracht. Zudem seien solche Parteiordnungsmaßnahmen Privatangelegenheiten der Gemaßregelten, und daher nicht öffentlich zu diskutieren. Ich wurde teils heftig beschimpft. Schließlich hieß es sogar, ich würde den Kreisverband erpressen.

Das ist auf mehreren Ebenen unsinnig.

Ein Parteiausschluss ist eine parteiordnende Maßnahme. Sie soll eine Wirkung auf die Ordnung der Partei haben. Das kann sie aber nicht, wenn sie geheim ist. Zudem geht es letztlich nicht um eine juristische Einschätzung, sondern um eine politische. Natürlich haben wir die Aussagen von P. als Partei politisch zu bewerten: Ob sie mit unseren Zielen und Grundsätzen in Übereinstimmung sind oder eben nicht. Und das müssen wir selbst tun, das kann nicht irgendein Richter anhand von strafrechtlichen Kriterien für uns erledigen. Und von Unschuldsvermutung zu sprechen ist unsinnig, wenn die Aussagen unwidersprochen und wiederholt, für alle Augen sichtbar sind.

Dieser Vorgang beleuchtet die extreme Rechtsgläubigkeit und den Jurismus sowie die grundsätzlich unpolitische Haltung der Piraten. Eine vernünftige Abgrenzung, die Erstellung und Schärfung eines Profils kann so nicht gelingen. Und zu allem Überfluss wurden die Gefühle von Juden dabei erheblich verletzt.

Ich bin eine Woche später von meinem Vorsitz zurückgetreten, und habe mich aus dem Kreisverband Köln zurückgezogen. Am Wochenende nach dem Parteitag war die Landtagswahl in Niedersachsen, aus Rücksicht auf die Wahlkämpfer in dieser Landtagswahl habe ich mit dem Rücktritt bis danach gewartet, um ihnen negative Presse so kurz vor der Wahl zu ersparen. Noch eine geraume Zeit musste ich mit „Nestbeschmutzer"-Vorwürfen leben. Dass der Rücktritt als Zeichen aber nicht vollkommen falsch war, bewies mir ein Dankesbrief der jüdischen Gemeinde Köln, den ich erhielt, und der mich sehr froh gemacht hat. P. wurde später erfolgreich aus der Partei ausgeschlossen, arbeitet sich aber bis heute gerne mit Verschwörungstheorien in Blogposts und auf *Twitter* an mir und an anderen beteiligten Personen ab. Ihr Lieblingsvorwurf: Wir seien alle Antideutsche und von Israel, wahlweise durch die Likud-Partei, gesteuert.

Irgendwie jüdisch-sein

Ich bin nicht religiös. Ich bin weder getauft noch gehöre ich einer Glaubensgemeinschaft an. Erzogen worden bin ich humanistisch, früher hätte man das als „gute Kinderstube" bezeichnet. Am Religionsunterricht in der Schule habe ich nicht teilgenommen. Für meine Mutter war es schwierig, einen Kindergarten und eine Grundschule zu finden, die konfessionslose Kinder aufnahm – in den 1960er Jahren war das noch eine absolute Ausnahme. Letztlich musste man mich täglich zu einem Kindergarten der Quäker bringen, die so pazifistisch eingestellt waren, dass sie den Kindern an Karneval die Cowboy-Pistolen abnahmen.

Unsere Mutter hat meinem Bruder und mir einen ausgeprägten Gerechtigkeitssinn eingepflanzt. Natürlich wurde uns unsere Familiengeschichte erzählt: Die Eltern meiner Mutter galten im dritten Reich als „gemischtrassiges Paar", da meine Großmutter mütterlicherseits – obgleich christlich getauft, und nie jüdischen Glauben praktizierend – als Jüdin galt. Wir wussten von der Verfolgung und Emigration der Eltern und Geschwister meiner Großmutter, welche diese auch nach dem Krieg niemals wieder gesehen hatte. Auch vom Untertauchen meiner Großmutter mit meiner 1943 geborenen Mutter, sowie der Haft meines Großvaters, weil er sie nicht verraten wollte, wussten wir.

„Mischehen" fühlten sich im dritten Reich lange Zeit noch einigermaßen geschützt, doch nahm der Verfolgungsdruck während des Krieges immer weiter zu, und schließlich gab es auch in diesen Fällen Deportationen in Vernichtungslager. Seit 1942 wurde immer wieder über Zwangseheescheidungen diskutiert. Letztlich ist es nur einer unfassbaren Kette von Glücksfällen zu verdanken, dass meine Mutter und Großmutter im Rheinland untergetaucht überleben konnten.

Dennoch: Das Judentum spielte bei uns Zuhause keine Rolle, und eine Verbindung zum jüdischen Volk gab es nicht. Nach der rechtlichen Auslegung der jüdischen Überlieferung, der Halacha, gilt als Jude derjenige, der eine jüdische Mutter hat: Obwohl ich also nach dieser rekursiven Definition selbst ein Jude bin, fühlte ich mich nicht als einer.

Das hat sich in den letzten Jahren gerade aufgrund meiner Erlebnisse in der Piratenpartei, meiner Konfrontation mit dem Antisemitismus dort und im Netz sehr geändert. Meine Auseinandersetzung damit, gerade auch der Streit darum hat meine Einstellung dazu gewandelt. Ich bin immer noch nicht religiös oder gläubig, noch folge ich dem strengen jüdischen Traditionskodex. Ich war bis heute noch nicht in Israel zu Besuch. Dennoch identifiziere ich mich mittlerweile ein Stück weit mit dieser Wurzel, die da in mir ist: Ich würde mich nach wie vor nicht als Jude bezeichnen, das fände ich anmaßend, aber ein irgendwie gearteter jüdischer Mensch bin ich, trotzdem. Das ist eine der spannendsten Entwicklungen, die ich in meiner Zeit in der Piratenpartei an mir habe feststellen können. Das macht mir das Leben ganz sicher nicht gerade einfacher, aber andererseits muss ich womöglich ausgerechnet dafür den antisemitischen Angreifern dankbar sein, dass sie mir diesen Umstand des „irgendwie"-jüdisch-Seins vor meine eigenen Augen geführt haben.

Aufstellung in der Pampa

Nach dem Wahlerfolg in Berlin und Saarland und unserem Einzug in Nordrhein-Westfalen folgte noch die erfolgreiche Wahl in Schleswig-Holstein, welches dann die letzte Landtagswahl des Jahres 2012 gewesen ist. Doch die erste Landtagswahl 2013 etwa ein halbes Jahr später in Niedersachsen war für Piraten eine heftige Klatsche. Nachdem Piratenfraktionen triumphal in vier Landesparlamente eingezogen sind, gab es hier nur noch 2,1% der Wählerstimmen. Eigentlich hätte das der Partei zu denken geben müssen, dass es so wohl nicht weitergehen konnte. Doch eine Aufarbeitung gab es nie.

Unbeirrt wurden Kandidaten für die im Jahr 2013 anstehende Bundestagswahl aufgestellt. Die Listen wurden jeweils bundeslandweise gewählt, es folgte eine Reihe von Aufstellungsparteitagen mit personellen Entscheidungen der Länder, mit denen andere Piraten bisweilen öffentlich haderten. In Nordrhein-Westfalen wählten wir am 26. und 27. Januar 2013 in Meinerzhagen – ein eher abgelegener, mit öffentlichen Verkehrsmitteln etwas schwierig zu erreichender Ort. Die NRW-Piraten gaben der Aufstellungsversammlung deshalb den *Twitter*-Hashtag „#AVPampa".

Auf die Listen wurde eine ganze Reihe von Neupiraten gewählt, die von anderen Piraten wiederum oft als Trittbrettfahrer empfunden wurden, die aber offenbar ganze Landesverbände überzeugten. Das galt auch für NRW; die Motivation, für solche Leute Bundestagswahlkampf zu machen, war dann verständlicherweise höchst unterschiedlich stark ausgeprägt.

Piraten wendeten ausgesprochen viel Energie dafür auf, Parteitage und deren Form und Fristen peinlich zu überprüfen. Es wurde stets versucht, Parteitage im Nachhinein vor den Schiedsgerichten anzufechten: Würde ihre Ungültigkeit festgestellt werden, wären auch alle ihre Beschlüsse hinfällig. Das war ein beliebtes Instrument, mit dem man unerwünschte Beschlüsse nachträglich zu torpedieren versuchte – allerdings meist erfolglos.

Ob die Einladung zur Aufstellungsversammlung in Meinerzhagen fristgerecht erfolgte, wurde ebenfalls bezweifelt, nachdem der damalige politische Geschäftsführer Alexander Reintzsch die Einladungen terminlich auf den letzten Drücker aussendete, diese aber aufgrund von Serverproblemen erst mit Verzögerung weitergeleitet wurden. Erst nach Ablauf der Widerspruchsfrist der Aufstellungsversammlung stellte sich heraus, dass der nordrhein-westfälische Landesvorstand schon nach der verspäteten Einladung ein rechtliches Gutachten hatte einholen lassen, welches einen Verstoß gegen die Form und Fristen konstatierte. Dieses Gutachten hatte man dann aber aktiv unter Verschluss gehalten, bis schließlich die Einspruchsfrist des Parteitages verstrichen war. Das war besonders pikant, weil mehrere Landesvorstandsmitglieder selbst auf der Bundestagsliste standen, Reintzsch sogar auf einem der vorderen Plätze. Das war ein Super-Gau, was Forderungen nach Transparenz angeht, wie sie die Piraten in politischen Prozessen stets formulierten: Im Landtag beispielsweise forderte die Piratenpartei die Offenlegung aller Gutachten und Studien der Landesregierung, selbst aber wurde hier durch die Partei ein unangenehmes Gutachten unterdrückt. Leider war dies nicht der einzige Fall von Transparenz-Bigotterie: Wenn es um eigene Belange ging, waren Piraten oft sehr selektiv. Die Piratenfraktion NRW beispielsweise beschloss, Angebote für Dienstleistungen auszuschreiben und zu veröffentlichen – führte das dann später aber nicht durch.

Erst nach erheblichen Protesten traten die Vorstandsmitglieder von ihren Listenpositionen zurück. Der Schaden an der Glaubwürdigkeit war aber angerichtet worden und blieb bestehen.

Summer of Love

Trotz meines etwas getrübten Verhältnisses zum Kölner Kreisverband versuchte ich die Aktionen, die im Sommer 2013 auf der Tagesordnung standen, zu unterstützen.

Die traditionelle Demonstration in Köln anlässlich des Christopher Street Day fand am 7. Juli 2013 statt. In Köln ist das ein Großereignis mit nahezu einer Millionen Zuschauern – Piraten organisierten ebenfalls einen Wagen, in jenem Jahr den Piraten-Doppeldeckerbus mit „Cabrio"-Dach, welches wir dann geöffnet hatten. Auch in den Vorjahren hatte ich an den Umzügen teilgenommen – ich fühlte mich in der Pflicht, als lokal zuständiger Abgeordneter der Piratenpartei weiter anwesend zu sein. Natürlich machte es Spaß, die Stimmung aber war sehr viel angestrengter als im Vorjahr. Die Organisation und die Beteiligung begannen bereits in diesem Jahr im Vergleich zum Vorjahr spürbar zu ermüden.

Am 7. September schließlich fand in Berlin die damals noch alljährliche „Freiheit statt Angst"-Demonstration statt, die zentrale Demonstration für Datenschutz und gegen Überwachung, die sich gegen den Spionage- und Kontrollwahn im Internet und im realen Leben richtet. Von 2006 bis 2014 gab es Demonstrationen in Berlin, ab 2007 organisiert von einem unparteilichen Bündnis, dem „Arbeitskreis Vorratsdatenspeicherung". Bestandsdatenauskunft, Websperren, Überwachungskameras, Vorratsdatenspeicherung, Datenhalden und die ausufernde Spionage durch Geheimdienste waren mehr als genug Grund, auf die Straße zu gehen.

Damit möglichst viele Personen an der Demonstration teilnehmen konnten, charterte ich einen Bus von Köln nach Berlin und zurück mit 50 Plätzen. Die Passagiere konnten sich mit 25 Euro an den Kosten beteiligen, den Rest steuerte ich zu. Aber wenn jemand das Geld nicht aufbringen konnte, sollte das auch kein Hindernis sein; Hauptsache war, möglichst viele Leute hinzubringen. Der Bus fuhr frühmorgens um 4 Uhr ab Köln hin, und abends um 22 Uhr wieder zurück – eine Ochsentour. Dennoch war der Bus fast voll.

2013 war das Jahr, in dem die „Freiheit statt Angst"-Demonstration ihren Zenit überschritt. Die Teilnehmerzahl wurde mit zwischen 10.000 bis 20.000 Menschen angegeben. Die Piraten empfanden die „Freiheit statt Angst" als ihre Haus- und Hofdemonstration. Zwar waren auch andere Parteien vertreten – neben Grünen und Jusos sah man sogar einzelne Vertreter der Jungen Liberalen mit ihren Fahnen und Plakaten – die Piraten stellten jedoch das größte Fahnenmeer. Dafür wurde ihnen nicht nur Sympathie entgegengebracht, schließlich sollte die Demonstration selbst überparteilich sein. Die Vereinnahmung der Demonstration stieß andere Demonstrationspartner vor den Kopf, die zudem mit den Abgrenzungsproblemen der Piratenpartei, wie sie zu der Zeit offensichtlich geworden waren, ihre Schwierigkeiten hatten.

Befeuert wurde die Demonstration durch die Überwachungsaffäre durch die NSA und andere Geheimdienste, die die Veröffentlichungen des ehemaligen NSA-Mitarbeiters Edward Snowden seit einigen Monaten enthüllte. Dennoch blieb die Resonanz seltsam gering und die Teilnehmer blieben unter sich. Das Thema taugte wider Erwarten nicht zu einer großen Mobilisierung.

Die Demonstration im folgenden Jahr hatte dann nur noch 6.500 Teilnehmer, und war die vorerst letzte. 2015 wurde keine zentrale Demonstration mehr organisiert. Pläne, die Demonstrationen lokal in verschiedenen Städten parallel zu organisieren, blieben kläglich. Nicht nur die Piratenpartei, offenbar auch die sogenannte Netzgemeinde war politisch abgeschlafft. Angesichts der heftigsten Angriffe auf unsere digitalen Bürger- und Menschenrechte aller Zeiten hätten wir eigentlich alle tagtäglich demonstrierend auf der Straße stehen müssen.

Der Ball auf dem Elfmeterpunkt

Am 6. Juni 2013 begannen die ersten Veröffentlichungen zum Spionageskandal der westlichen Geheimdienste im britischen *Guardian* und in der US-amerikanischen *Washington Post* aus Dokumenten, die der Whistleblower Edward Snowden den Journalisten übergeben hatte. Das war ein Erdbeben in der Netzszene, auch wenn es noch einige Zeit dauerte, bis die Affäre in die öffentliche Wahrnehmung drang. Der erste parlamentarische Antrag der Fraktion datiert vom 11. Juni, die erste parlamentarische Anfrage an die Landesregierung habe ich am 14. Juni 2013 gestellt. Es sollten noch viele weitere Anträge, Anfragen und Artikel folgen. Man kann nicht gerade behaupten, wir hätten das Thema verschlafen: Es war von Anfang an mein Spezialgebiet und wurde intensiv von mir bearbeitet. Ständige weitere Veröffentlichungen hielten das Thema permanent auf der Tagesordnung.

Dennoch gelang es den Piraten nicht, das Thema öffentlich zu besetzen oder auch nur einen Hauch Aufmerksamkeit zu generieren, der sich für die drei Monate später stattfindende Bundestagswahl ausgezahlt hätte. Eigentlich war dieses Thema der Ball auf dem Elfmeterpunkt vor einem leeren Tor. Die Piratenpartei hat völlig versagt. Aber wieso?

Piraten haben schon ab Juni Demonstrationen organisiert, die nur schwach besucht waren: Außer den unmittelbar beteiligten Parteimitgliedern kam buchstäblich niemand. Der Mobilisierungsgrad war erschreckend und Lichtjahre von der Aufmerksamkeit entfernt, die der Protest gegen ACTA generiert hatte. Doch warum?

Zum einen überschätzten wir, welche Bedeutung diese Enthüllungen für die meisten Leute hatte: Nur eine geringe. Die Empörung und Fassungslosigkeit, die in die Netzgemeinde herrschten, teilten die „normalen" Wähler nicht. Das Thema war ausgesprochen abstrakt, und es fehlte ein Gefühl der persönlichen Betroffenheit. Für klassische Protestwähler war es ebenfalls kein relevantes Thema.

Dass sich diese Affäre aber nicht einmal für netzaffine Menschen mit den Piraten verbinden ließ, war ein hausgemachtes Problem: Während der zwölf vorangegangenen Monate waren Piraten nur durch innere Zerfleischung, Zerrissenheit, Abgrenzungsprobleme und Selbstbeschäftigung in Erscheinung getreten. Niemand hatte schlicht mehr Lust, die Piraten nach ihrer Einschätzung zu fragen. Die Strategie, jedes Gesicht zu demontieren, welches die Piraten aufzuweisen hatten, ist ebenfalls aufgegangen. „Themen statt Köpfe" funktionierte nicht. Wenn keine Köpfe vorhanden sind, die man fragen kann, an wen sollte sich die interessierte Presse wenden? Doch auch der oft unerträgliche Stil, den Piraten gegenüber Pressevertretern in sozialen Medien anwendeten, schreckte diese ab. Die fleißige Facharbeit, die geleistet wurde, ging darin vollkommen unter.

Es fehlte aber auch an koordinierter Pressearbeit aus der Bundesebene der Piratenpartei. Einige Einzelkämpfer waren ehrenamtlich tätig, eine Halbtagskraft war angestellt. Eine professionelle, nachhaltige Arbeit war so nicht zu leisten. Ein koordiniertes Team existierte nicht, Pressekontakte waren selten.

Ich fühlte mich deutlich auf verlorenem Posten zu jener Zeit. Bei einer Pressekonferenz, die die Fraktion zur Überwachungsproblematik Anfang Juli veranstalteten, verirrte sich lediglich ein einziger Journalist zu uns. Ich versuchte selbst, das Thema wie Sauerbier bei Journalisten anzubieten. Symptomatisch die Antwort, die ich einmal bekam: *„Haben wir schon reichlich. Aber wie wäre es mit einem Kommentar, weshalb man von den Piraten gerade jetzt so wenig sieht?“* Mir platzte der Kragen, und ich machte meinem Unmut in einem Blogpost auf meinem Blog Luft.

Dabei hörte man von Piraten in der Sache tatsächlich nichts. Weil niemand mehr Lust hatte, genauer hinzuhören. Weil in der vielstimmigen Kakophonie, die die Piraten absonderten, die wenigen fundierten Informationen untergingen. Weil das Porzellan schon zerschlagen war.

Immerhin: Für meine Anträge erhielt ich Lob von dem einen oder anderen Abgeordneten der anderen Parteien unter vier Augen. Aber zustimmen könne man ja leider nicht: Ich wisse ja, Fraktionsdisziplin. Meine Rede „O tempora, o mores“, wo ich über die Spionageprogramme *Tempora* und *Prism* der britischen und US-amerikanischen Nachrichtendienste gesprochen hatte, war später Thema der Latein-Stunde einer 10. Klasse. Ich hatte zu Beginn dieser Rede den Anfang von Ciceros erster Catilinarischen Rede als Vorlage gestellt, angepasst an die aktuelle Situation. Die Schüler verglichen offenbar das Original mit meinen Sätzen im Hinblick auf Überwachung: *„Wie lange, liebe Geheimdienstler und Sicherheitspolitiker, wollt ihr unsere Geduld noch missbrauchen? Wie lange noch werdet ihr uns mit eurem Wahnsinn, eurer Paranoia und eurem Misstrauen belästigen? Bis zu welchem Punkt wird sich die zügellose Frechheit eurer sogenannten Sicherheitspolitik noch vorwagen?“* Oh Zeiten, oh Sitten!

Lernen durch Schmerz, nur ohne Lernen

Die Bundestagswahl im September 2013 ging krachend verloren, das überraschte allerdings nicht wirklich. Die Landtagswahlen in Niedersachsen und Bayern waren ebenfalls zuvor schon mit jeweils 2 Prozent für die Piraten katastrophal ausgefallen. Die NRW-Piraten „feierten" wieder im Düsseldorfer *ZAKK*, allerdings war die Veranstaltung schlechter besucht, und die Stimmung deutlich getrübter. Der politische Geschäftsführer NRWs Jens Ballerstädt wählte in seiner Ansprache nach Vorstellung der Exit-Polls im Fernsehen, in welchen die Piraten nicht einmal mehr erwähnt wurden, die tröstend gemeinte Formulierung „gute 2 Prozent". Natürlich war das nicht gut: Die Piraten hatten binnen Jahresfrist alles verloren, was sie zuvor hinzugewonnen hatten. Und dazu den Neuigkeits- und Frischebonus, den sie einst hatten, vollkommen verspielt.

Eine Analyse der Gründe für die Wahlniederlagen seit der Landtagswahl in Niedersachsen wurde nie durchgeführt – übrigens genauso wenig wie vorher nach den Erfolgen in Berlin oder NRW: Man ging einfach auf dem nächsten Parteitag zur Tagesordnung über. Die Rituale aus Personenwahlen, Geschäftsordnungsanträgen und Satzungs-„Foo" gingen unbeirrt weiter: Lernen durch Schmerz, nur halt eben ohne Lernen. Eine Generalaussprache, eine Grundsatz- oder Richtungsdiskussion, Studien oder fachliche Analysen: Fehlanzeige.

Während bei anderen Parteien bei solch fundamentalen Niederlagen noch am Wahlabend Rücktritte erfolgten – in der FDP trat nach dem Rauswurf aus dem Bundestag der gesamte Bundesvorstand zurück – fühlte sich bei Piraten niemand verantwortlich. Ein Symptom für die Führungs-, Verantwortungs- und Steuerlosigkeit der Piraten: Ein politisch nicht handelnder Bundesvorstand konnte schließlich nicht verantwortlich sein, und sonst gab es niemanden, der in Frage käme.

Für schlechte Wahlergebnisse machte man auf den sozialen Medien regelmäßig einen der innerparteilichen Gegner verantwortlich, gerne einen „Antideutschen" oder

„Linksbizarren", welcher mit irgendeinem Tweet persönlich die Wahl torpediert haben sollte. Die Vorstellung, eine einzelne Person könnte mit einer einzelnen Aussage für das gesamte Abschneiden bei einer Wahl verantwortlich gewesen sein, war so absurd, wie dieser Vorwurf schon von vornherein abzusehen war. Selbst bei Landtagswahlen fand man ein passendes Opfer – irgendwo weit weg, notfalls in einem anderen Bundesland.

Die Rückkopplungsschleife, dass jeder, der Verantwortung übernehmen wollte, sofort torpediert wurde, funktionierte weiterhin reibungslos. Die Piraten machten immer „weiter so".

Der erste auf die Bundestagswahl folgende Bundesparteitag fand am 30. November und 1. Dezember in Bremen statt. Eine Aussprache oder Diskussion zu den Gründen des Wahldesasters war einfach nicht vorgesehen, stattdessen wurde wieder einmal eine Vorstandswahl durchgeführt. Anschließend beschäftigte man sich mit Programmanträgen zum Wahlprogramm der im kommenden Jahr anstehenden Europawahl. Und auch der Umgang der Partei mit diesem Thema war bezeichnend.

Vorgestellt wurde neben einem langen Wahlprogramm, welches von Arbeitsgruppen auf traditionelle Weise erstellt wurde, auch eine knackige und sloganhafte Version. Diese hatten wir in einem kleinen Team gemeinsam entwickelt und unterstützt, sie wurde auf dem Parteitag durch die spätere Europaabgeordnete Julia Reda der Parteiöffentlichkeit vorgestellt. Natürlich fand die kürzere Version keine Mehrheit, obwohl man später Julia auf Position 1 der Europaliste stellte: Diese Version des Programmes sei nicht im traditionellen Verfahren in Arbeitskreisen entstanden, sei also eine verbotene Hinterzimmer-Absprache. Fun Fact: Die Versammlung wurde in einem Meinungsbild gefragt, ob sie die lange, ausführliche Programmversion denn überhaupt einmal gelesen hätte, was nur eine Minderheit bestätigen konnte. Dennoch stimmte unmittelbar danach eine große Mehrheit des Parteitages für diese ihr also überwiegend unbekannte Langversion. Die Argumente wie die „Hinterzimmerabsprache“, die die Kritiker gegen die stringente Kurzform vorgebracht hatten, hatten offensichtlich ihre Wirkung entfaltet.

Heftige Kritik regnete es für die Idee des Weltraumaufzuges, den Julia in das Kurzprogramm eingebaut hatte. Dabei hatte es bei der Befassung zu Piratenprogrammen eine gewisse Tradition, einen ganz oder teilweise scherzhaft gemeinten, nach Science-Fiction anmutenden Antrag zu debattieren. So wurde häufiger über den Vorschlag diskutiert, Forschungen zur Erfindung von Zeitreisen zu fördern. Die Piratenpartei Sachsen forderte in ihrem Landeswahlprogramm eine Magnetschwebebahn von Dresden nach Prag.

Unter der Überschrift „Gemeinsam nach den Sternen greifen“ schlugen wir für das Europawahlprogramm zum Wohle der europäischen Raumfahrt einen Weltraumaufzug vor, um eine sichere Infrastruktur für neue Weltraummissionen zu schaffen. Als gemeinsame Anstrengung sei die europäische Raumfahrt beispielhaft für die Idee Europas.

In solchen Anträgen stecken Nerd-Hintergrund der ursprünglichen Piraten, die Fan-Kultur von Science-Fiction und Begeisterung für technische Spielereien und Erfindungen, die viele Piraten teilen. Aber auch Kultur-Optimismus sowie ein Teil der Hacker-Ethik wird damit transportiert: Technik kann unser aller Leben zu einem besseren wenden. Wenn man sich damit befasst und sie aktiv und lebenswert gestaltet. Und: Politik bedarf zukunftsweisender Visionen und Projekte. Alles andere ist nur Verwaltung.

Leider war diese Idee bei Piraten in Vergessenheit geraten. Es überwog die Sorge, wie denn ein Vorschlag für einen Weltraumaufzug angesichts der dazu erforderlichen Kosten in Medien und Öffentlichkeit ankommen würde. Dass es uns niemals um die Mehrheit der Öffentlichkeit gehen konnte, dass Piraten niemals eine Volkspartei sein könnten, wurde nicht berücksichtigt: Im Grunde konnte die Partei doch von vornherein immer nur den Teil der Wähler ansprechen, der sich auch für solch ein Projekt begeistern konnte. Fehlender Mut zu Visionen stand der Piratenpartei andauernd im Weg.

Zombie-Bügeleisen aus der Hölle

Ein weiteres Nerd-Thema tat sich gegen Jahresende 2013 auf, welches ich dann für die parlamentarische Arbeit im Landtag verwertete: In Russland sollten laut Medienberichten, die unter anderem in der *BBC* erschienen, in Elektrogeräten chinesischer Herkunft WLAN-Chips entdeckt worden sein, welche die Aufgabe hatten, Computer über unverschlüsselte Drahtlos-Netzwerke mit Schad-Software zu infizieren. Bei den entdeckten elektronischen Geräten würde es sich nicht nur um komplexe Geräte wie Mobiltelefone und Armaturenbrett-Kameras handeln, sondern auch um so simple Haushaltsgeräte wie Wasserkocher und Bügeleisen, hieß es. Der einzelne Wasserkocher sei hierbei äußerlich völlig unauffällig. Um sein unheilvolles Werk zu verrichten, verbinde sich das präparierte Gerät drahtlos per WLAN mit vorhandenen offenen Netzwerken in bis zu 200 Meter Reichweite, um darin befindliche Computer zu infizieren. Diese Computer würden dann beispielsweise für den Versand von Spam-Mails verwendet werden können, aber auch andere Spionage-Angriffe wären denkbar.

Es bot sich an, dieses Ereignis für eine kleine Anfrage zu nutzen. Dabei kam uns die Idee, die Geräte als „Zombie“ zu bezeichnen: Zombies sind auch ein unter Nerds beliebtes Filmthema. Die Geräte entwickeln ja sozusagen ein zweites Leben als schädliche Angreifer. Die Überschrift der „Zombie-Bügeleisen des Grauens“ sollte selbstverständlich erst mal provozieren und Aufmerksamkeit generieren – der Hintergrund sollte aber sein, auf Sicherheitsgefahren aufmerksam zu machen, die eben manchmal auch ungewöhnliche Angriffsvektoren haben.

Geräte wie Wasserkocher werden naturgemäß auch in Büros von Unternehmen, Ämtern und Behörden eingesetzt, womit potentiell auch Firmennetzwerke sowie Netzwerke der öffentlichen Verwaltung betroffen sein können. Ich fragte also die Landesregierung, inwieweit sie solche Haushaltsgeräte chinesischer Produktion auf Vorhandensein von WLAN-Chips untersuche, und wie sie Privatleute und Unternehmen vor solchen Gefahren schützen wolle.

Die kleine Anfrage leitete ich mit einem Ausschnitt von Goethes Zauberlehrling ein:

> *„O du Ausgeburt der Hölle! Soll das ganze Haus ersaufen? Seh ich über jede Schwelle – Doch schon Wasserströme laufen. Ein verruchter Besen, Der nicht hören will! Stock, der du gewesen, Steh doch wieder still! Willst's am Ende – Gar nicht lassen? Will dich fassen, Will dich halten – Und das alte Holz behende – Mit dem scharfen Beile spalten.“*

Ich habe mir die Verwendung von Zitaten dann in meinen kleinen Anfragen angewöhnt. Es war Gelegenheit, auch mal ein etwas plastischeres, gröberes Bild in den ansonsten eher amtlichen Ton dieser Dokumente zu bringen.

Das Medienecho auf die Zombie-Bügeleisen war überwiegend positiv: Natürlich hatten die Überschrift und die gestellten Fragen erst einmal Kopfschütteln ausgelöst. Doch trotz des Potentials, die ganze Anfrage nicht ernst zu nehmen und sich über mich lustig zu machen, ist bei den Berichten im Fernsehen und in den Printmedien die dahinterliegende Problematik von IT-Sicherheit speziell im Umfeld von Regierungen und Behörden sehr gut herausgekommen. Und das alles wurde in der öffentlichen Darstellung fest mit den Piraten verknüpft. Ein absoluter Gewinn, möchte man meinen.

Ich bekam allerdings jede Menge Gegenwind: Ausschließlich von Piraten. Peinlich sei die Angelegenheit, meinem Verlangen nach 15 Minuten Ruhm geschuldet, die Existenz dieser Geräte sei ja nicht bewiesen, und natürlich gäbe es wichtigere Themen, die ich gefälligst bearbeiten solle. Meiner Motivation war das alles nicht sonderlich zuträglich.

Der Vorwurf, mit dem sich praktisch jeder Pirat konfrontiert sah, der irgendeine Äußerung tätigte, eine politische Position formulierte oder eine Aktion durchführte: Es gibt wichtigeres als das, was Du gerade tust. Als Argument, die Arbeit eines Aktiven abzuqualifizieren, konnte es immer dienen. Zudem konnte man damit jedem Aktiven den Misserfolg der Piraten in allen anderen Themen anlasten, ohne dass man selbst dafür etwas tun musste.

Der Zwang zur Konformität

Im Oktober 2013 stand eine Abstimmung zu einer neu gefassten Geschäftsordnung des Landtags NRW an. Die darin niedergelegten Regelungen hatten sich nach Diskussionen unter den Fraktionen in die aus Piratensicht richtige Richtung bewegt: Es gab jetzt mehr Transparenz und Öffentlichkeitsmöglichkeiten in Ausschüssen. Aber es war natürlich nur eine kleine Bewegung, die von unseren Ansprüchen an den parlamentarischen Apparat in Nordrhein-Westfalen noch weit entfernt war. Die Fraktion empfahl, der Geschäftsordnung als Kompromiss zuzustimmen. Meines Erachtens war das ein Fehler. Transparenz, Partizipation und die Änderung des parlamentarisch-politischen Systems sollte unsere Kernaufgabe sein, mit Kompromissen sollten wir uns nicht zufriedengeben. Auch wenn sie ein Schritt in die richtige Richtung sind, kann man halbgare Lösungen doch nicht mit einer Piraten-Unterstützung adeln. Eigentlich sollte man hier ein möglichst großes Rad drehen und anlässlich der Abstimmung auf die immer noch vorhandenen Missstände öffentlich hinweisen. Mein Kollege Nico Kern und ich haben uns dann schließlich in der Abstimmung enthalten und unsere Beweggründe dazu erklärt. So aber gingen wir damit im allgemeinen Konsens unter.

Zunehmend wurden auch die Fraktionssitzungen unproduktiver, aggressiver und von noch mehr Formalien geprägt. Stundenlang wurde beispielsweise über die Kaffeemaschine der Fraktion diskutiert.

Für die Sitzung, in der die Anträge für die letzte Plenarsitzung im Jahr 2013 besprochen und beschlossen werden sollten, hatte ich fünf Anträge vorbereitet und zur Abstimmung eingereicht. Davon wurden drei nicht angenommen. Ich hatte einen Haushaltsantrag vorgelegt, in dem gefordert wurde, den Etat 2014 des Verfassungsschutzes NRW um 1 Million Euro zu mindern. Dies deckte sich mit unserer Beschlusslage, den Landes-Verfassungsschutz langfristig abzubauen und die geheimdienstlichen Tätigkeiten einzustellen. Mit dieser Million sollte das Land NRW Bemühungen unterstützen, in NRW abhörsichere Software und Sicherheitssoftware auf Open Source-Basis zu fördern. Dies wäre eine Marktlücke gewesen: Damit hätte sich NRW an die Spitze einer Entwicklung setzen können, die nach Software verlangte, die nicht von Nachrichtendiensten wie die NSA mit Hintertüren verseucht sein konnte.

Dies wurde durch die Fraktion mehrheitlich abgelehnt. Als Begründung wurde angeführt, die konkreten Zahlen des Verfassungsschutzes lägen jetzt noch nicht vor und kämen später in einem – geheimen, nicht öffentlichen – Ausschuss auf den Tisch. Und der Antrag würde doch sowieso von der Regierungsmehrheit abgelehnt werden.

Ein weiterer Antrag sollte sich sarkastisch-ironisch mit dem Koalitionsvertrag der großen Koalition beschäftigen, die sich kurz zuvor zwischen CDU und SPD auf Bundesebene gefunden hatte. Speziell die „Erfolge" der Verhandlungen für diesen Koalitionsvertrag durch Mitglieder der Landesregierung und der Oppositionsführung des Landes NRW waren darin thematisiert. *„Der Landtag beglückwünscht die an den Koalitionsverhandlungen beteiligten Mitglieder der Landesregierung zu ihrem selbstlosen Einsatz und begrüßt die hervorragenden Verhandlungsergebnisse"*, hieß es da ätzend, zum Beispiel *„der Einstieg in die Totalüberwachung der Gesellschaft durch die geplante Einführung der anlasslosen Vorratsdatenspeicherung"*, *„die Fortsetzung der verheerenden Austeritätspolitik von Bundeskanzlerin Merkel auf europäischer Ebene"* oder *„den Verzicht auf die Einführung eines allgemeinen Mindestlohns, der diesen Namen tatsächlich verdient"*.

Das war natürlich extra provokativ und polemisch formuliert. Doch diesen Antrag wollte man in der Piratenfraktion mehrheitlich auch nicht stellen, zur Begründung der Ablehnung hieß es: Dieser Antrag habe keinen Landesbezug, daher sei er wahrscheinlich nicht zulässig, zudem sei er zu polemisch und so weiter. Die Krönung an Begründung war, wir würden damit den „Pfad der Glaubwürdigkeit" verlassen.

Der dritte gescheiterte Antrag von mir war spontan in der Nacht zuvor entstanden. Es ging um den Aufruf „Demokratie verteidigen im digitalen Zeitalter“ durch 560 Schriftsteller aus 83 Ländern. In diesem Aufruf forderten die Schriftsteller, die Angriffe der westlichen Geheimdienste auf unsere Demokratie, wie sie die Unterlagen Edward Snowdens offenbarten, zu unterlassen und internationale Vereinbarungen gegen diese Form der Spionage zu schaffen. Ich wollte die Landesregierung auffordern, diesen Aufruf auf allen Ebenen zu unterstützen und eine eventuell entstehende Konvention anzuerkennen.

Er wurde von der Fraktion ebenfalls nicht angenommen. Da im nicht-öffentlichen Teil zuvor wieder die Fraktions-Kaffeemaschine Thema war, gab es keine ausreichende Zeit für eine Debatte dieses Antrags mehr, den ich erst unter dem Tagesordnungspunkt „Sonstiges“ besprechen lassen konnte, da er so spät entstanden war. Alle Versuche meinerseits, auf den zeitlichen Engpass hinzuweisen, sind gescheitert, man wollte lieber über die Kaffeemaschine reden. Ich habe dann aufgegeben und die Sitzung verlassen.

Später haben dann Bündnis 90 / Die Grünen auf Bundesebene einen entsprechenden Antrag eingebracht, der so ziemlich die gleichen Forderungen aufstellte wie mein Antrag das getan hätte. Es wäre spannend gewesen, zu sehen, wie sich die NRW-Grünen dazu positioniert hätten. Die Chance, als Urheber dieser Idee wahrgenommen zu werden, war jedoch vertan. Und wer weiß, woher die Bundesgrünen letztlich die Anregung zu ihrem Antrag bekommen hatten.

Zu den zwei Anträgen von mir, die in dieser Dezember-Sitzung von der Fraktion letztlich angenommen wurden, gehörte ein Antrag zur Förderung des Breitband-Ausbaus, den ich gemeinsam mit CDU, FDP und dem damals fraktionslosen Abgeordneten, unserem ehemaligen Kollegen Robert Stein, stellen wollte. Dieser wurde eine Dreiviertelstunde lang intensiv debattiert – allerdings nicht inhaltlich, sondern ob man mit Robert Stein gemeinsam auf einem Antrag stehen wolle oder nicht. Diese Befassung mit dem Antrag war unsäglich, und bescherte mir böses Blut: Es sei ein Skandal, wie ich den Abweichler in einen unserer Anträge habe einbinden können.

Nur einer der fünf Anträge hatte es in dieser Sitzung ohne großen Widerstand geschafft, angenommen zu werden: „Anhörung von Edward Snowden im Europäischen Parlament genau verfolgen und auswerten." Der Widerstand, den es für politische Anträge zu überwinden galt, war innerhalb der eigenen Fraktion bisweilen zäher als außerhalb.

Die verpasste Chance der SPD

Nach der Bundestagswahl im September 2013 hatten sich CDU/CSU und SPD zu einer sehr großen Koalition verabredet, die Koalitionsverhandlungen waren damals gerade in vollem Gange. Reihenweise wurden „Kompromisse" geschlossen, die fast sämtliche Wahlversprechen relativierten, die die Sozialdemokraten zuvor abgegeben hatten. Mir schwante Böses für die kommenden vier Jahre. Eine letzte Chance bestand in der Mitgliederbefragung, die die SPD nach Abschluss der Koalitionsverhandlungen durchführen wollte: Die Mitglieder sollten das letzte Wort haben, nachdem der Koalitionsvertrag fertig war, ob die SPD die große Koalition mit der CDU/CSU eingehen sollte oder nicht. Ich hoffte auf eine Ablehnung.

Die SPD hatte bereits die Sünde der „Agenda 2010" mit der Hartz IV-Gesetzgebung begangen. Eine soziale Alternative waren die Sozialdemokraten seit dieser Zeit nicht mehr, die große Koalition hätte diese Entwicklung weiter fortgesetzt. Einzige Chance zu einer Umkehr wäre eine neue Mehrheit links der Mitte, eine rot-rot-grüne Koalition aus SPD, LINKEN und Grünen, verbunden mit einem Politikwechsel in der SPD. Ein Votum gegen die große Koalition unter den Mitgliedern der SPD hätte dazu den Auftakt geben können.

Vor der Entscheidung ihrer Mitglieder hatte die Führung der SPD ganz offensichtlich Angst – sie positionierte sich von Anfang an geschlossen für die große Koalition – Sigmar Gabriel verknüpfte sogar seine Position in der Partei mit einer Zustimmung durch die Basis, nicht das letzte Mal nutzte er diesen ganz großen Knüppel. In Folge bombardierte die SPD-Spitze ihre Genossen mit positiven, motivierenden Botschaften: Etwa alle zwei Tage versandte sie Emails, wie hervorragend doch die Koalitionsgespräche vorangingen, und wie erfolgreich SPD-Positionen im Koalitionsvertrag festgeschrieben werden konnten. Auch Briefe gab es, und die Zeitung der SPD, der *Vorwärts*, beschäftigte sich wochenlang mit keinem anderen Thema mehr. Immer trat der ganze SPD-Vorstand geschlossen auf und unterschrieb die Artikel komplett. Eine neutrale Stellung zur Mitgliederbefragung, eine Darstellung der Nachteile der Großen Koalition gab es niemals.

Am 27. November wurde der Koalitionsvertrag der sehr großen Koalition besiegelt. Die SPD versandte eine Sonderausgabe des *Vorwärts*, der den gesamten Text des Vertrages enthielt. Die Wahlunterlagen sollten ab dem 6. Dezember versendet werden, bis zum 12. Dezember hatten dann die Parteimitglieder Zeit, ihr Votum für oder gegen die große Koalition abzugeben. In diesen Tagen intensivierte sich das Bombardement mit Emails, fast jeden Tag kam eine Nachricht von Andrea Nahles mit dem Titel „Unsere Handschrift im Koalitionsvertrag" und weiteren Erfolgsmeldungen.

Das Nachrichten-Kreuzfeuer in der SPD brach nach dem Stichtag der Mitgliederbefragung urplötzlich ab. Und es war offensichtlich erfolgreich gewesen: Die Mehrheit der SPD-Mitglieder stimmte für die große Koalition und machte die SPD zum Juniorpartner der CDU.

Die Katastrophe aus Schuldenbremse in Deutschland und Austerität in Europa nahm ihren Lauf und wurde festgeschrieben, als hätte es Keynes nie gegeben. Waffenhandel und Fremdenfeindlichkeit florierten, statt humanitärer Hilfe gab es Abschottung an Europas Außengrenzen. Den Rest erledigte Sigmar Gabriel: Auch die Innen- und Netzpolitik ging zugrunde, unter anderem als er die Zustimmung zur Vorratsdatenspeicherung in der eigenen Partei ebenfalls mithilfe von Rücktrittsdrohungen durchsetzte. Die netzpolitische Agenda der großen Koalition war eine einzige Lachnummer. Übrig blieb eine innen- und bürgerrechtspolitisch deutlich nach rechts gerückte SPD: Da, wo die CDU bereits war. Das war keine profilschärfende Maßnahme, im Gegenteil: Eine CDU „light" braucht niemand. Ohne Not räumten die Sozialdemokraten reihenweise Positionen links der Mitte. Sie erledigten damit die schmutzige Arbeit der Union, der nachher die Früchte zufallen werden – der SPD wird das niemand danken. Mit diesem Personal erscheint ein Wandel in der SPD unmöglich.

Asyl für Edward Snowden

Einen großen Raum in meiner Arbeit nahm der Überwachungsskandal durch westliche Geheimdienste ein. Eines der Themen, welches von Beginn an polarisierend war, war die Frage nach dem Asyl für Edward Snowden.

Es gab mehrere Gründe, Edward Snowden nach Deutschland zu holen. Selbstverständlich hätte er in einem Ermittlungsverfahren gegen die Spionage durch westliche Geheimdienste als Kronzeuge wertvolle Informationen aus erster Hand geben können. Snowden war ausgebildeter Geheimagent mit einer Tarnidentität und mit der Überwachung Deutschlands selbst befasst gewesen. Sicher hätte er noch weitere Erkenntnisse einbringen können, die über die reinen von ihm vorgelegten Dokumente hinaus gegangen wären. Er hätte Gelegenheit bekommen müssen, vor einer deutschen Staatsanwaltschaft und vor deutschen Untersuchungsausschüssen frei, ohne Angst vor Abhörung oder Nachteilen auszusagen. Das ist bis heute nicht geschehen.

Edward Snowden ist der Prototyp eines „Whistleblowers“, eines Menschen, der für die Allgemeinheit relevante Informationen über Missstände, Verbrechen oder Korruption der Öffentlichkeit zur Verfügung stellt, die zuvor geheim gehalten worden waren. Dabei bringen sich Whistleblower oft selbst in Gefahr oder riskieren erhebliche Nachteile für Leib und Leben. Die Gesellschaft ist immer wieder auf Whistleblower angewiesen, um die Missstände aus Konzernen, Ämtern, Militär oder Regierungen ans Licht zu bringen.

Es wäre also ein wichtiges Zeichen gewesen, Edward Snowden einen sicheren Aufenthalt in Deutschland anzubieten: Wie wollen wir zukünftig mit Whistleblowern umgehen? An der Bedeutung Edward Snowdens‘ Enthüllungen besteht kein Zweifel, und auch am Wert, den seine Dokumente für unsere Demokratie haben. Es wäre ein wichtiges Zeichen gewesen, wenn Edward Snowden Schutz und Unterkunft in Deutschland angeboten bekommen hätte – unabhängig davon, ob er es letztlich persönlich in Anspruch nimmt oder nicht. Russland jedenfalls, in dem er Zuflucht gefunden hatte, ist gerade kein Beispiel für Demokratie und Freiheit.

Ich formulierte einen Antrag, in dem der Landtag Snowdens Leistung in der Enthüllung dieser Affäre würdigen sollte, und der die Landesregierung dazu auffordern sollte, die Möglichkeiten zur Gewährung eines sicheren

Aufenthaltes für Edward Snowden in unserem Land zu prüfen. Es war klar, dass die gegenwärtige deutsche Asylgesetzgebung Snowden praktisch keine legale Chance auf ein reguläres Asylverfahren bot, aber es hätte Möglichkeiten einer Aufenthaltsgenehmigung, etwa zur Aussage vor der Staatsanwaltschaft oder einem Untersuchungsausschuss, bis hin zur Möglichkeit einer Einbürgerung gegeben, wenn man das denn politisch gewollt hätte. Doch die Angst vor den USA war groß.

Die SPD als Teil der sehr großen Koalition in Berlin bewegte sich in der Sache auch in NRW gar nicht. Das brachte deren Koalitionspartner auf Landesebene, Bündnis 90 / Die Grünen argumentativ oft genug ins Schwimmen und bereitete deren Netzpolitikern Gram. Es ist alleine der geringen Wirkung der Piraten in jener Zeit zu verdanken, dass die Reputation der Netzpolitiker bei den Grünen nicht allzu sehr beschädigt worden ist.

Hatten anfänglich die Regierungsparteien zu Piratenanträgen schon mal windelweiche Entschließungsanträge vorgelegt, um den einen oder den anderen Koalitionspartner nicht dem Spott auszuliefern, gegen die eigene Position stimmen zu müssen, geschah in diesem Falle gar nichts. Absehbar würde unser Antrag abgelehnt werden, mindestens mit den Stimmen von rotgrün, sicher auch mit den Stimmen der CDU-Opposition.

Mein Antrag hatte offensichtlich seine Kreise bis nach Berlin und zum Flughafen in Moskau gezogen, wo Snowden zu dem Zeitpunkt noch festsaß. Nach Veröffentlichung meines Antrags im Dokumentensystem des Landtags zwei Wochen vor der Plenardebatte erhielt ich einen Anruf eines Mitarbeiters aus dem Büro Ströbele. Hans-Christian Ströbele hatte sich zuvor mit Edward Snowden in Moskau getroffen und bemühte sich jetzt offenbar diplomatisch um ihn. Man bat mich, den Antrag derzeit nicht zu stellen, da eine Ablehnung durch das NRW-Parlament unter den gegebenen Voraussetzungen gewiss war, dadurch wiederum argumentative Fakten gegen ein Asyl geschaffen würden und dies letztlich angeblich Snowdens Situation gefährde. Allerdings war ich nicht überzeugt, weil ähnliche Anträge von anderen Landesgruppen der Grünen und sogar für eine Befassung im Bundestag vorbereitet wurden. Ich fand das etwas dreist, seitens der Bundesebene der Grünen auf mich Druck auszuüben, weil die Landesebene der Grünen wegen des Koalitionsvertrages mit der SPD gegen meinen Antrag stimmen „musste".

Regierungstragende Koalitionen binden sich selbst in Koalitionsverträgen. Hier wird das Abstimmverhalten aller Fraktionsmitglieder der beteiligten Parteien festgelegt: Grundsätzlich wird vereinbart, dass Anträge nur gemeinsam eingereicht werden, wenn beide Seiten damit einverstanden sind. Über alle Anträge, auch die der Opposition, wird nur mit einem einheitlichen Abstimmverhalten abgestimmt. Liegt ein Antrag der Opposition vor, zu dem sich die Koalitionsfraktionen im Vorfeld nicht auf ein gemeinsames Abstimmverhalten einigen können, stimmen alle mit „Ablehnung", egal um welches Thema es geht.

Zwar gibt es grundsätzlich das „freie Mandat": Jeder Abgeordnete ist nur seinem Gewissen verpflichtet – doch ein Abweichler würde von seiner Fraktion den Kopf gewaschen bekommen und müsste damit rechnen, in einer Folgeperiode von seiner Partei nicht mehr zur Wahl aufgestellt zu werden.

Es half den Grünen also nichts, wenn sie grundsätzlich für unseren Antrag waren: Solange die SPD nicht mitzog, zwang sie der Koalitionsvertrag, den sie selbst unterschrieben hatten, zu einer Ablehnung unseres Antrags.

Am Tag der Abstimmung selbst erhielt ich dann Anrufe von Personen, die ich ganz eindeutig dem unmittelbaren Umfeld Edward Snowdens zuordnen konnte. Das überzeugte mich, dass es sich hierbei nicht nur bzw. nicht hauptsächlich um eine polittaktische Erwägung der Grünen handelte, sondern dass es tatsächlich diesen Wunsch von Snowden gab, jetzt nicht Thema im Landtag sein zu wollen. Das reichte mir als Argument und ich überzeugte die Fraktion mit Mühe, diesen Antrag nicht unmittelbar zur Abstimmung, sondern zur Verzögerung zunächst zur Beratung in die Landtagsausschüsse zu überweisen. Allerdings war die Diskussion darüber in der Fraktion ausgesprochen emotional und für mich schwer zu ertragen, denn die Verlockung, den Grünen eine Niederlage zu versetzen mit dem Umstand, wegen der Koalitionsdisziplin hier gegen ihre eigene Bundesposition und gegen den sicheren Aufenthalt Snowdens stimmen zu müssen, war für meine Kollegen sehr groß. Letztlich hat das meine Stellung innerhalb der Fraktion nicht unbedingt gestärkt.

Immerhin: Mein Antrag fand seinen Weg in die Bremische Bürgerschaft. Der SPD-Abgeordnete Rainer Hamann reichte einen Antrag *„Aufenthalt für Edward Snowden ermöglichen“* ein, der bis auf die Ebene einzelner Formulierungen meinem entsprach und offensichtlich von meiner Vorlage abgekupfert war. Dieser fand die Zustimmung von SPD und Grünen in Bremen und wurde also dort beschlossen. Es war nicht der einzige Antrag Hamanns, der einem von mir gestellten verblüffend ähnlich war. Ich finde es natürlich prima, wenn einem Antrag von mir auf diese Weise Erfolg beschieden wird, und im Grunde kommt es nicht darauf an, wer letztlich als Antragsteller darauf genannt wird. Gute Ideen sind dazu da, kopiert zu werden, oder wie die Piraten sagen: *Copy – Remix – Share*. Hamann hat sich bei mir allerdings niemals gemeldet. Schade. Schade auch, dass die NRW-SPD dahingegen so unbeweglich blieb.

Ich habe mir zur ersten Debatte, die wir über einen der Spionage-Anträge im Landtag NRW führten, ein T-Shirt mit Snowdens stilisiertem Konterfei und dem Wort „Asyl“

darunter anfertigen lassen und unter dem für Plenarreden obligatorischen Jackett getragen: Damals ließ die Präsidentin solche „Meinungsäußerungen" abseits des gesprochenen Wortes noch zu. Das ergab sehr schöne Fotos von mir am Sprecherpult im Plenum – vermutlich hat dieser Umstand das Landtagspräsidium dazu bewogen, so ein Vorkommnis in Zukunft zu vermeiden. Für das Tragen eines T-Shirts im Plenarsaal, auf dem das NSA-Logo abgebildet war, dessen Adler Datenkabel in den Klauen hielt, wurde ich später von der Landtagspräsidentin ermahnt.

Der 30C3

Der Chaos Communicaton Congress ist das jährliche Hochfest der Hacker. Es findet jedes Jahr in der Zeit zwischen Weihnachten und Neujahr statt, zuletzt in einem Hamburger Kongresszentrum. Viele tausend Hacker und Computerfreaks aus aller Welt strömen dann zu dieser Veranstaltung, die mit mehreren Vortragssälen und Ausstellungsbereichen in dieser Zeit den Nabel der Nerd-Welt darstellt. Die Räume sind voll mit Motiv-T-Shirt-tragenden, langhaarigen Nerds, Laptops, Lötkolben-Stationen, Installationen aus blinkenden LEDs, kleinen Aufklebern mit für Außenstehende nicht verständlichen Botschaften und Schläuchen für eine Staubsauger-betriebene Rohrpost-Installation. Selbst ein eigenes Mobilfunknetz mit eigenen SIM-Karten baut man auf. Ein Besuch dort hat mich jedes Mal für Wochen mit Inspiration und neuen Ideen angefüllt.

So wie bei vielen Leuten um die Weihnachtszeit eine große Zusammenkunft in der Familie Brauch ist, ist dieser Kongress gewissermaßen das jährliche große Familientreffen der Hacker. Der Zeitraum „zwischen den Jahren" mit seiner manchmal besinnlichen Stimmung außerhalb des

Tagesgeschäfts bietet zudem Gelegenheit zu Rückschau und Ausblick.

Der Kongress wird vom CCC ausgerichtet, dem „Chaos Computer Club“, der in Deutschland die erste Adresse für Computer-Fachthemen, IT-Sicherheit und Chancen und Gefahren der digitalen Revolution ist. Die Vorträge auf dieser Veranstaltung haben einen starken Fokus auf Technik und IT-Sicherheit, in den vergangenen Jahren ist aber immer mehr Nerd-Kultur und Netzpolitik hinzugetreten. Zu den Standards gehören Vorträge des CCC-Vorstands zum Jahresrückblick, zu „Security Nightmares“, also IT-Sicherheitskatastrophen, die im vergangenen Jahr die Szene bewegt hatten, oder auch die „Fnordshow“ des polarisierenden Felix „Fefe“ von Leitner.

Viele Piraten sind zugleich auch Mitglieder im CCC, und der Kongress beinhaltet reichlich Themen, die auch für einen Piraten von höchstem Interesse sind: So wurde auch der Chaos Communication Congress in den vergangenen Jahren immer mehr zu einem Piraten-Anlaufpunkt, obgleich der Chaos Computer Club selbst unabhängig von Parteien sein möchte und zu der Piratenpartei auch wegen ihrer Tendenz zur Einverleibung politischer Aktionen oftmals in kritischer Distanz war. Der Kongress im Jahre 2013 war ein Jubiläum, es war der 30. Chaos Communication Congress, den der CCC ausrichtete,. So kommt es auch zur Kurzbezeichnung: Der „30C3“ war der 30. Kongress, der die drei C's im Namen trug. Und er stand heftig unter dem Einfluss der Enthüllungen, die Edward Snowdens Dokumente seit etwa einem halben Jahr offenbarten.

Der Kongress wartete mit einem Coup auf: Der Netzaktivist Jacob Appelbaum, der im Exil in Berlin lebt, hatte aus dem Fundus von Snowdens Unterlagen einen Katalog von Spionagewerkzeugen aufbereitet, welche die NSA in einer ihrer Spezialabteilungen hatte entwickeln lassen. Der Vortrag auf dem Kongress fand zeitgleich mit Veröffentlichungen über diesen Katalog in der weltweiten Presse statt. Wie sich herausgestellt hatte, besaß der amerikanische Nachrichtendienst ein Arsenal von Soft- und Hardwarewanzen, mit denen sie sämtliche gängige IT- und Internet-Infrastruktur, Server, Hard- und Softwarekomponenten, Verschlüsselungstechnologie, selbst Mobiltelefone und SIM-Karten angreifen und überwachen konnte. Diese Werkzeuge hatte sie in einem bebilderten und mit Preisschildern versehenen Einkaufskatalog zusammengestellt.

Diese Spezialabteilung mit dem Namen ANT hatte Sicherheitslücken in diversen Geräten, Hard- und Software gesammelt, teils angekauft oder selbst ausgeforscht – die Vermutung liegt nahe, dass manche Hersteller freiwillig oder unfreiwillig daran mitwirkten – und diese dann dazu benutzt, maßgeschneiderte Wanzen anzufertigen, die diese Lücken ausnutzten. Diese Wanzen wurden dann auch befreundeten Geheimdiensten zur Verfügung gestellt. Die Sicherheitslücken, die der NSA bekannt wurden, wurden also nicht etwa geschlossen, sondern verwendet: Damit aber erhöht sich das Risiko für alle, die auf diesen Systemen arbeiten, denn solche Einfallstore können prinzipiell auch von Kriminellen aller Art sowie nicht ganz so befreundeten Geheimdiensten gefunden und genutzt werden. Somit haben die sogenannten Sicherheitsdienste aktiv am Vergrößern allgemeiner Unsicherheit und Gefährdung mitgewirkt.

Etwa zeitgleich wurde bekannt, dass die Geheimdienste eine Technologie entwickelt haben, Computer und Mobiltelefone aus der Ferne anzugreifen und zu übernehmen, indem sie ihnen während des Surfens gefälschte Datenpakete unterschieben, wenn die Nutzer beispielsweise *Google, Yahoo* oder *Facebook* besuchen. Die Angriffe funktionieren unbemerkt und unentdeckbar und haben eine Erfolgsquote von über 80%, so rühmen sich die Agenten in den Unterlagen, die Snowden enthüllt hat. Ist das System einmal befallen, können beliebige Schadfunktionen nachgeladen werden. Ziele werden anhand von „Selektoren", also von verdächtigen Begriffen in Suche und elektronischer Kommunikation ausgefiltert und identifiziert. Dafür ist eine Armee weltweiter Server im Einsatz, die vom NSA kontrolliert wird, und mit deren Hilfe ein einmal identifiziertes Ziel vollautomatisch angegriffen wird.

Der Schock, den diese Enthüllungen auslöste, war in der IT-Szene nachhaltig, zeigte es doch, wie sehr IT-Komponenten und Infrastruktur durch westliche Geheimdienste bereits korrumpiert und deren Integrität grundsätzlich zerstört waren. Damit war Vertraulichkeit und Privatsphäre innerhalb elektronischer Kommunikationssysteme im Kern angegriffen.

Diese Technologien waren der Beweis dafür, dass alles, was an Überwachungstechnologie technisch möglich war, auch gemacht wurde. Jede Überwachungs-Verschwörungstheorie, die man sich vorher hat ausdenken können, wurde durch diese Gerätschaften in den Schatten gestellt. Was zuvor als Agentenroman oder Science Fiction angefangen worden war, musste quasi als Tatsachenroman zu Ende geschrieben werden.

Manche der vom Geheimdienst erfundenen Technologien muteten an wie aus einem James Bond-Film. So gab es radarbetriebene Geräte, mit denen man Bildschirme oder Kopierer aus der Ferne auslesen konnte, selbst wenn diese gar nicht mit dem Internet verbunden waren. Es zeigte sich, dass diese Radar-Technik vom amerikanischen Geheimdienst bereits bei verschiedenen Spionageangriffen gegen UN- und EU-Einrichtungen verwendet worden war. Auch europäische Wirtschaftsunternehmen waren Ziel von Angriffen geworden. Einige Vorträge auf dem Kongress beschäftigten sich mit Sicherheitslücken, die zuvor offenbar Grundlage für einige der Wanzen des NSA-Cyberarsenals gewesen waren.

Für mich fühlten sich diese Enthüllungen weitaus einschneidender und drastischer an als die später aufkommende Diskussion um durch die NSA abgehörten Telefone deutscher Politiker, die in der Öffentlichkeit aber ein weit größeres Echo auslösten. Es war klar, dass das Motto der weltweiten Überwachung durch westliche Geheimdienste „jeder, jederzeit, überall“ lautete – und dass davon natürlich auch Politiker betroffen sein dürften, also war diese Entdeckung für mich nicht wirklich überraschend. Das Thema wurde für mich zu einer der Haupt-Triebfedern meiner parlamentarischen Arbeit.

2014

Das alte Ferienhaus liegt auf einem Hügel in der Nähe der kleinen Stadt Montecastelli. Es gibt keine Nachbarn, ringsherum ist Wald und Macchia: Gebüsch, Brombeerranken und dichtes Gestrüpp. In den Anfangsjahren gab es einen sardischen Schäfer ein paar hundert Meter den Berg hinauf, der dort in einer verfallenen Hütte ohne Strom und Wasser mit seinem Hund und den Schafen lebte. In jenen Jahren sorgten die Schafe dafür, dass die Macchia kurz blieb: Sie liefen Tag und Nacht durch das Unterholz und fraßen es kurz. Der Schäfer machte in dem verfallenen Haus seinen Schafskäse selbst und verkaufte ihn im Dorf auf dem Markt. Das schien sich irgendwann nicht mehr zu lohnen, er ging fort, und die Schafe verschwanden mit ihm. Es gab kein Läuten der Glocken mehr rund um das Haus, die die Schafe um den Hals getragen hatten.

Meine Stiefgroßeltern waren darüber gar nicht froh, denn in den folgenden Jahren wucherte die Macchia ungehemmt überall. Und in den trockenen Sommern wuchs die Brandgefahr.

Solidarität gibt's leider nicht

Der *„Dicke Engel“* auf dem Server der Telefonkonferenz-Software *Mumble* der Piratenpartei ist das Äquivalent eines Stammtischraumes, zu dem man abends zum Quatschen kommen konnte. Und wie bei manchem Stammtisch auch war das Niveau oft entsprechend tief: Hier trafen sich gegen Abend die immergleichen Personen, um zu polemisieren, die neuesten Gerüchte auszutauschen und über Abwesende herzuziehen. Im Verlaufe von Abend und Nacht wurden die Stimmen immer schwerer und die Diktion immer unangenehmer. Eine Zeitlang täglich zugegen waren meine speziellen Kölner Freunde N. und A. Mir war bekannt, dass ich oft genug Thema dieser Runde war, ich hielt mich aber üblicherweise fern. Ich wurde jedoch häufiger von Piraten darauf aufmerksam gemacht und auch gelegentlich von Besuchern des Raums nach dem Wahrheitsgehalt der dort zu vernehmenden Aussagen gefragt.

Ich bekam eine Tonaufnahme zugespielt, in der behauptet wurde, ich hätte meine jüdische Herkunft aus politischen Gründen erfunden, und zuvor jene P. protegiert, die wegen antisemitisch zu verstehender Aussagen aus der Partei ausgeschlossen worden war. Es wurde behauptet, ich hätte Urlaub statt Wahlkampf gemacht, auch einige strafrechtlich relevante Beleidigungen sind dort in offener Runde gefallen. Manche der Leute nahmen auch auf *Twitter* kein Blatt vor den Mund, und wiederholten diese Aussagen öffentlich, allerdings hinter ihrem *Twitter*-Pseudonym versteckt. Nachdem ich mich dieser Form von Mobbing schon länger habe aussetzen müssen, beschloss ich, mich dieses Mal dagegen zu wehren. Zumindest wollte ich es versuchen.

Ich habe zunächst durch Anträge auf Ordnungsmaßnahmen versucht, rein innerparteilich etwas zu bewirken. Diese Anträge wurden größtenteils von den zuständigen Vorständen gar nicht erst beantwortet. Nachfragen wurden, wenn ich denn überhaupt eine Antwort erhielt, unter dem Hinweis auf den Datenschutz abgelehnt. Selbst die simple Frage, ob eine Person Mitglied der Piratenpartei ist oder nicht, beantwortete man nicht. Dabei beeindruckte auch der antisemitische Charakter mancher Beleidigungen nicht. Seitens der Vorstände hatte ich also keine Hilfe zu erwarten.

Ich reichte Strafanzeige gegen unbekannt ein und übergab die Informationen samt Tonaufzeichnung der Polizei, wo sich der Staatsschutz der Sache annahm. Gleichzeitig bat ich den Landesverband NRW, der den *Mumble*-Server der Piratenpartei betrieb, eventuelle Log-Daten zu sichern und den ermittelnden Behörden zu übergeben, wenn diese danach fragen würden. Mit den Log-Daten wäre es vielleicht möglich, die Verleumder und Beleidiger zu identifizieren.

Zwei Dinge passierten sofort: Der politische Geschäftsführer Jens Ballerstädt verbreitete via *Twitter* seine Empörung darüber, dass ich Log-Daten des *Mumble*-Server fordere. Er verglich das mit der anlasslosen Vorratsdatenspeicherung und stellte meine Eignung als Netzpolitiker in Frage. Und es wurde nach dem Urheber der Tonaufnahme geforscht: Denn die Aufnahme eines Gespräches ohne Zustimmung der Aufgenommenen ist grundsätzlich strafbar.

Was nicht passierte: Irgendwelche sichtbaren Maßnahmen der Partei gegen die Verleumder. Nicht mal von *Mumble* wurden die Störer ferngehalten. Was ebenfalls nicht geschah: Die Sprecher der Beleidigungen und Verleumdungen in der Tonaufnahme gegenüber dem Staatsschutz zu identifizieren. Dieser hat die Ermittlungen später ergebnislos einstellen müssen.

Nachdem man also die Privatsphäre der Täter mit allen Mitteln des Datenschutzes gewahrt hatte, outete man mich als Opfer dieser Taten unverzüglich. Ebenso offenbarte man, dass ich mich um strafrechtliche Ermittlungen in der Sache bemühte. Ich verlor jedes Vertrauen in diese Organe der Piratenpartei.

In einer nichtöffentlichen Runde innerhalb meiner Landtagskolleginnen und Kollegen erzählte ich ihnen von den Vorfällen, die auf der Aufnahme dokumentiert waren, sowie den mangelhaften Reaktionen des Landes- und Bundesvorstandes dazu. Jens Ballerstädt war nicht nur politischer Geschäftsführer des Landesverbandes, sondern zudem auch persönlicher Angestellter meiner Kollegin Simone Brand. Natürlich stellte ich ihr – in dieser fraktionsinternen Runde – die Frage, ob sie ihn unter den gegebenen Umständen als Angestellten behalten möchte. Noch am selben Tag kursierte auf *Twitter* öffentliche Empörung, nach der ich angeblich die fristlose Entlassung von Jens Ballerstädt gefordert habe. Offenbar waren also aus dem Kreis meiner Kollegen Inhalte des Gespräches an den Rest der Welt getragen worden: Ich konnte nicht auf Vertraulichkeit in der Fraktion setzen. Solidarität zu eigenen Fraktionskollegen wurde nur selektiv praktiziert: In meinem Fall gab es sie nicht. Das hat mich sehr angeschlagen. Es war weder die einzige noch die letzte Indiskretion aus dem Fraktionskreis nach außen.

Thanks Bomber Harris

Anlässlich des Jahrestags der Bombardierung von Dresden am 13. Januar 1945 führen Neonazis und Rechtsextreme aus ganz Deutschland seit vielen Jahren Gedenkmärsche und Demonstrationen in der Stadt Dresden durch. Diese Veranstaltungen gehören zu den größten Aufmärschen von Nazis im ganzen Land. Nach einigen Jahren der erfolglosen Versuche, diese widerliche Ansammlung wegzuignorieren, gibt es glücklicherweise inzwischen regelmäßig Widerstand durch Antifaschisten und ein breites zivilgesellschaftliches Bündnis. Mit Gegendemonstrationen und Blockaden versucht man, die Rechten aus der Stadt zu halten.

Die Nazis und Geschichtsrevisionisten versuchen, die Bombardierung der Stadt als verdammenswertes Kriegsverbrechen ruchloser Alliierter darzustellen, und leugnen dabei, dass es Nazi-Deutschland war, welches den zweiten Weltkrieg zuerst über die Welt gebracht hatte, und dass die Bombardierung Dresdens eine ganz eindeutige Folge des deutschen Angriffskrieges war.

Im Januar 2014 kursierte eine Aufnahme im Femen-Stil, der zwei maskierte junge Frauen zeigte, die auf ihre entblößten Oberkörper antifaschistische Sprüche gepinselt hatten. Femen waren zuvor häufiger zu politischen Protesten oben ohne aufgetreten und hatten politische Bekundungen auf ihrer Brust stehen, waren aber üblicherweise nicht maskiert.

Der Spruch „Thanks Bomber Harris“, den sich eine der beiden Frauen aufgemalt hatte, bezog sich auf den britischen Luftwaffengeneral Arthur Harris, der für das Bombardement Dresdens verantwortlich war. Der Spruch stellte eine Provokation an die Adresse der Geschichtsrevisionisten dar – für die war Harris der personifizierte alliierte Kriegsverbrecher – allerdings war die Aussage auch dazu geeignet, als Freude über den Tod der Zivilbevölkerung Dresdens missverstanden zu werden, und verletzte dadurch eben auch die Gefühle der Opfer und Angehörigen. Mindestens musste man den Slogan also als unsensibel und unklug bezeichnen.

Doch schon wenige Tage später war die Identität der beiden Frauen bekannt geworden und wurde durch den *Berliner Kurier* veröffentlicht. Es hatten sich auch Piraten daran beteiligt, Anne Helm als eine der beiden Frauen anhand von Körpermerkmalen und einer Gürtelschnalle zu identifizieren, und diese Informationen dann an die Presse weitergegeben.

Anne Helm war Piratin, Mitglied der Neuköllner Bezirksverordnetenversammlung und damals Kandidatin der Piratenpartei für die anstehende Wahl zum Europaparlament. Ihr Outing als eine der beiden maskierten Frauen wurde auf rechtsradikalen Seiten verbreitet, was sie in unmittelbare Gefahr brachte und einen Strom von Gewaltandrohungen und Beleidigungen auslöste. Aber auch von Piratenseite war sie heftigen Anwürfen ausgesetzt. Der Bundesvorstand wurde unter erheblichen Druck gesetzt, Anne Helm aus der Partei auszuschließen und dafür zu sorgen, dass sie Mandat und Kandidatur abgibt. Verschiedene Piraten-Landesverbände entblödeten sich nicht, Distanzierungen von Anne Helm zu formulieren und zu veröffentlichen, im Bundesvorstand fand sich nur knapp keine Mehrheit für einen solchen Schritt. Andere demokratische Parteien hatten weniger Probleme, sich angesichts der Bedrohung von rechts mit Anne Helm zu solidarisieren.

Genau dieselbe Partei, die ansonsten Privatsphäre ganz hoch achtet, hat in diesem Fall eine Person aus der Anonymität hervorgezerrt und damit den Nazis zum Fraße vorgeworfen. Genau die Partei, die das Recht auf freie Meinungsäußerung auch für Rechte und Antisemiten diskutierte, verlangt nun eine Ordnungsmaßnahme für eine Aussage, die erkennbar nicht im Piratenkontext stehen sollte. Und die geifernde Empörung zog sich quer durch die Partei. Das war an Bigotterie nicht mehr zu überbieten.

Menschen, die sich klar mit Anne solidarisieren wollten, wurden ebenso mit Hass überzogen. Die in der Partei latent vorhandene Meinung, links mit rechts gleichsetzen zu wollen und sich gegen „Extremismus jeder Art“ abgrenzen zu wollen, brach vollkommen hervor. Außerachtlassend, dass rechter Terrorismus in jüngster Vergangenheit Dutzende von Toten gefordert hatte, wurde eine vermeintliche Gefahr durch Linksautonome und die Antifa beschworen. Die Debatte wurde in den sozialen Medien und *Mumble* auf Stammtisch-Niveau geführt, so wie es sich dort ja im Grunde auch um Stammtische handelte.

Das Aufhängen einer Antifa-Flagge auf einem Bundesparteitag führte zu wochenlangen Diskussionen, ob Antifaschismus überhaupt Teil der Piratenpartei sei.

Bei diesem als „Flaggengate" bekannt gewordenen Vorkommnis hatten Piraten auf dem Bundesparteitag zuvor die klassische Antifa-Flagge mit der Abbildung einer roten und schwarzen Fahne in der Halle der Veranstaltung oben an der Zuschauertribüne im Hintergrund angebracht. Schon während der Veranstaltung forderten einzelne Besucher die Versammlungsleitung auf, die Fahne entfernen zu lassen: Es sei ein Zeichen einer „parteifremden" Organisation. Die Versammlungsleitung lehnte das ab, und die meisten Teilnehmer des Parteitages schien die Fahne nicht weiter zu stören. Doch in den sozialen Medien begann sofort ein Shitstorm, der sich gegen die Versammlungsleitung sowie die vermeintlich anwesenden „Linksextremisten" wandte. Das Thema beherrschte noch wochenlang die Diskussionen in den Piratenblasen der sozialen Medien, angefeuert durch immer neue Beiträge der rechten Piraten, die die Fahne mit allerlei extremistischer Bedeutung aufluden. Ironischerweise teils durch genau dieselben Piraten, die später einen anderen Piraten für seine Vorliebe für die Rebellenflagge der Südstaaten in Schutz nahmen. In diesem Fall sei die Fahne dann doch einfach nur eine Fahne.

Diese reaktionären Piraten hatten damit Erfolg: Auf Anweisung der „Generalsekretärin" Stephanie Schmiedke musste der Piratenshop eine Flagge aus dem Sortiment nehmen, die das Antifalogo mit einer orangenen Flagge kombiniert hatte und mit „antifaschistische Piraten" übertitelt hatte. Für den Parteitag 2015 hatte der Bundesvorstand eine „Hausordnung" entwickelt, die das Aufhängen von Fahnen mit Nicht-Piraten-Symbolen ganz untersagt, um solche Vorkommnisse gleich ganz zu unterbinden.

Piraten, die auf antifaschistische Demonstrationen gingen, wurden via *Twitter* angepöbelt, der Pressesprecher der nordrhein-westfälischen Piraten betonte in einem Blogpost, dass seiner Meinung nach Antifaschismus nicht zur Piratenpartei gehöre. Die Diskussion war weit davon entfernt, rational geführt zu werden.

Bekenntnisse zur Freiheitlich-Demokratischen Grundordnung FDGO und zum Grundgesetz wurden von Piraten gefordert, die sich mit Antifaschismus beschäftigten, als wäre die Piratenpartei plötzlich Teil reaktionärer Stammtische geworden. Mich erinnerte das an die Zeiten der Berufsverbote im deutschen Herbst, an Gesinnungsprüfungen. Es wurde verlangt, sich von „jeder Gewalt" zu distanzieren, und subsumierte darunter auch antifaschistische Proteste und Sitzblockaden. Dass man sich damit in beste Gesellschaft mit nationalkonservativen und rechten Kreisen begab, war offenbar vollkommen egal.

Einige Landesvorstände führten Beschlüsse herbei, die Piratenpartei als „sozialliberal" zu definieren, und positionierten sich damit eindeutig auf einer der beiden Seiten, die sich da plötzlich auftat. Alles schien besser als den Eindruck zu erwecken, links zu sein.

Der erste Höhepunkt der Kampagne war der sogenannte „Orgastreik": Mitglieder der Piraten-IT stellten elektronische Piratendienste ab, unter anderem das Wiki, also die zentrale Dokumentationsplattform der Piraten, sowie das Piratenpad, also die Plattform, in der Piraten kollaborativ Texte erfassen und bearbeiten können. Stattdessen wurde eine statische Seite eingeblendet, in der vom Bundesvorstand eine Distanzierung von Personen gefordert wurde, die „gegen die freiheitlich demokratische Grundordnung verstoßen“ – gemeint waren Anne Helm und ihre Unterstützer.

Damit setzten die Administratoren ihre Technik zur politischen Meinungserzwingung ein. Kritische Infrastruktur wurde zu politischen Zwecken abgeschaltet – ein Vorgehen, das im arabischen Frühling noch scharf kritisiert worden war. Damit wurden wieder einmal Positionen der Piratenpartei konterkariert und erneut Glaubwürdigkeit verspielt.

Piratlinksliberal

Ich hatte den Eindruck, dass viele der Diskutanten schlicht nicht wussten, wo die Probleme in ihrer Interpretation lagen: Warum beispielsweise ein bedingungsloser Verzicht auf „jede Gewalt“ die Juden im dritten Reich im Stich gelassen hätte. Dass das Grundgesetz auch Veränderungen unterworfen ist, aus gutem Grunde. Dass die freiheitlich-demokratische Grundordnung oft genug zur Ausgrenzung von anderen politischen Auffassungen gedient hatte. Dass ein wenig politische Bildung, politische Richtungsbestimmung vielleicht gar nicht so schlecht wäre. Doch es machte fast den Eindruck, als ob man sich unter Piraten bisweilen mit Händen und Füßen gegen solche Bildung wehrte.

In 12 Kapiteln versuchte ich, die in der Partei aktuell strittigen Themen zu erfassen und eine zustimmungsfähige Position zu entwickeln. Ich tat das öffentlich über meinen Blog und über die sozialen Medien, und erhielt auch einiges Feedback von verschiedenen Parteimitgliedern, welches ich in die Texte integrieren konnte. Es entstanden Positionen zur Richtungsbestimmung, zur freiheitlich-demokratischen Grundordnung, zu Volk und Staat, Demokratie, Gewalt, zum Verfassungsschutz, Meinungsfreiheit, Krieg und Revisionismus, Antisemitismus und Antizionismus, Feminismus und Geschlechtergerechtigkeit, zum menschlichen Umgang in der Partei und zu Flügeln innerhalb der Partei. Ich versuchte den Begriff „linksliberal“ zu positionieren, um einerseits einen Anknüpfungspunkt für sich als links definierende Piraten zu schaffen, andererseits auch den starken liberalen Flügel anzusprechen.

Amüsanterweise machte mich „*Der Freitag*“-Politikblogger Richart Zietz deswegen später in einem Bericht, den er über die Spaltung der Piraten geschrieben hatte, zum „Hauptinitiator der sozialliberalen Strömung“. Er erwähnte mich in einem Atemzug mit dem „Frankfurter Kollegium“, einem Sammelbecken von Piraten, die den Begriff „Sozialliberal“ für die Piratenpartei etablieren wollten. Und dies war der Grund, warum mich Zietz zu dieser Richtung zählte: Es gibt nirgendwo einen theoretischen Unterbau dieser Strömung in der Piratenpartei. Die Verwendung des Begriffes erfolgte nämlich ohne Sinn und Hintergrund. Da ich mit dem Begriff „linksliberal“ arbeiten wollte, und dieser zu „sozialliberal“ synonym verwendet wird, war es schlicht das einzige, was Zietz vorfinden konnte. Einen „sozialliberalen Flügel“ der Piraten gab es eigentlich nie: Es war nämlich im Grunde der unpolitische Flügel, der „konservative“ Flügel der Partei. Für ihn steht die Bewahrung des Status Quo im Vordergrund: Etwa die Bewahrung des Grundgesetzes. Allenfalls die progressiven Piraten könnte man im Sinne des Wortes sozialliberal nennen, hatten sie doch als Einzige in der Partei Ideen einer freieren, solidarischen und gerechteren Gesellschaft.

Ich sandte Emails an sämtliche Landesvorstände und den Bundesvorstand mit der Bitte, eine Debatte zu unterstützen und ggf. selbst daran teilzunehmen, und meine Vorschläge möglicherweise zu diskutieren. Ich bekam nur von zwei Landesvorständen überhaupt eine Antwort, beide wollten nichts dazu unternehmen. Das war sehr bedauerlich.

Marina Kassel

Die Jugendherberge Kassel dient seit einigen Jahren als eine Art Tagungszentrum der Piraten. Sie liegt in Deutschland geografisch zentral und bietet günstige Unterkunfts- und Seminarräume. Als klassische Jugendherberge ist der Stil sehr schlicht. Ein- bis zweimal jährlich ist sie der Treffpunkt der „Marina Kassel", einem Vernetzungstreffen der Organisation und Verwaltung der Partei. Alle Landesverbände und der Bund können Vorstands- und Verwaltungsmitglieder dahin entsenden. Die Marina Kassel, die Anfang März 2014 stattfinden sollte, sollte unter dem Einfluss der aktuellen Auseinandersetzungen stehen. Ich entschloss mich, für einen Tag hinzufahren, um an der Diskussion teilzunehmen und meine „Piratlinksliberal"-Texte vorzustellen. Das, so stellte sich heraus, war gar nicht möglich.

Die Stimmung war extrem aufgeheizt. Sich als links sehende Piraten waren in der absoluten Minderheit und sahen sich mit einer extrem feindlichen Stimmung konfrontiert. Der spätere Vorsitzende Stefan Körner inszenierte einen Schau-Anruf an den Berliner Abgeordneten Oliver Höfinghoff, der als links galt, und behauptete, dieser habe ihn am Telefon bedroht. Für seine Diffamierungen erhielt er Applaus der Anwesenden. Teile des Bundesvorstandes konspirierten im Hinterzimmer mit einigen Landesvorsitzenden und planten einen später stattfindenden, koordinierten Rücktritt, der Vorstandsneuwahlen erzwingen sollte. Der damalige Vorsitzende Thorsten Wirth sah sich einem Tribunal ausgesetzt, die Personalie Helm betreffend, weil er sich mit ihr solidarisch gezeigt hatte.

Mir wurde klar, dass die ganze Affäre in höchsten Maße instrumentalisiert worden war: Es ging ganz offensichtlich längst nicht mehr um irgendwelche politischen Inhalte: Es ging schlicht um die Machtverhältnisse in der Partei. Mir im Grunde unverständlich, denn es gab schon damals nichts mehr zu gewinnen.

Den Rücktritt führten sie dann etwa zwei Wochen später durch: Der „politische Geschäftsführer" Björn Semrau, „Generalsekretärin" Stephanie Schmiedke und „Schatzmeister" Stefan Bartels des Bundesvorstandes traten zurück. Damit war der Rest-Vorstand satzungsgemäß handlungsunfähig. Offenbar hoffte man, dass dann die Geschäfte auf den dienstältesten Landesvorstand übergehen würden – dabei hatte man aber übersehen, dass gemäß der Satzung der Rest-Vorstand kommissarisch bis zur Neuwahl im Amt bleibt. Die Folge war eine widerliche Schmutzkampagne gegen die restlichen verbleibenden Vorstandsmitglieder, Beleidigungen und Androhungen von Zivilklagen, die letztlich so wirkungsvoll waren, dass keiner der verbleibenden Vorstände bei der Neuwahl wieder antrat, und die meisten sofort nach Übergabe ihrer Verantwortung aus der Piratenpartei austraten. Auch eine Flut von Schiedsgerichtsklagen setzte ein.

Die Rücktritte wurden weniger als einen Monat vor der Europawahl durchgeführt. Erkennbar waren Wahlkampf und Außenbild den Rücktretenden vollkommen unwichtig: Lieber wollte man Chef von einem kleinen rauchenden Haufen Schutt und Asche als nur Teil von etwas größerem sein. Rückblickend ist das meiner Meinung nach der Todesstoß für die Partei gewesen.

Ich reichte meine Anträge nach der Marina Kassel als Positionspapiere für den kommenden Landesparteitag NRW im April in Bielefeld ein und stellte sie dort vor. Sie wurden, wie erwartet, fast alle abgelehnt. Besonders entlarvend war die Debatte um den Begriff „linksliberal". Als

Argument dagegen wurde tatsächlich angeführt, dass der Wortbestandteil „links“ bei Piraten nicht so beliebt sei. „Sozialliberal“ sei da besser geeignet. Dass beide Begriffe laut Fachliteratur synonym verwendet werden können, beeindruckte nicht weiter.

Leider wurde die Diskussion um diese Anträge durch wenige Personen auch auf einer ausgesprochen persönlichen Ebene geführt. Piraten waren es so gewohnt, Kandidaten zu grillen, dass sie das ganz selbstverständlich auch angesichts der politischen Positionierung mit dem Antragsteller tun wollten – selbst der Politikreporter Tobias Peter des *Kölner Stadtanzeiger* twitterte einigermaßen entsetzt über die Art persönlicher Angriffe auf mich, die vom Saalmikrofon aus kamen. Als ich im Zug von Bielefeld nach Hause saß, musste ich spontan anfangen zu heulen, und habe mir in Folge mit meinem *Twitter*-Account für einige Zeit eine Auszeit verschrieben. Das war dann mein letzter NRW-Landesparteitag.

Im Mai 2014 fanden die Europawahl sowie zeitgleich die Kommunalwahlen in Nordrhein-Westfalen statt. Julia Reda wurde in das Europaparlament gewählt, aber schon die Position 2 der Liste ging leer aus, worüber ich angesichts der Kandidatenlage nicht so recht traurig sein konnte.

Die Kommunalwahlen fielen ähnlich niederschmetternd aus. Nur der fehlenden Sperrklausel ist zu verdanken, dass in vielen Gemeinden NRWs Piraten in Rathäuser einziehen konnten.

In den Kölner Rat kamen zwei Piraten: Thomas Hegenbarth und Lisa Hanna Gerlach. Von Hegenbarth wurde etwas später bekannt, dass er zuvor im NRW-Landesvorstand der rechtspopulistischen „Partei Rechtsstaatlicher Offensive“ aktiv war. Das war die Schill-Partei, welche der Hamburger „Richter Gnadenlos“ Ronald Barnabas Schill im Jahr 2000 gegründet hatte. Ausgerechnet die rechtsextreme Plattform „Politically Incorrect“ hatte diese unschöne Vergangenheit ausgegraben – Hegenbarth bezeichnete es in seinem Blog später als seinen größten Fehler, sich „2002 bei einem Hamburger Richter politisch zu engagieren und in seine Partei einzutreten."

Auch Gerlach hatte politische Vergangenheit – sie war zuvor Mitglied der Kölner CDU gewesen. Auch bei ihr kamen später auf der Kölner Mailingliste unschöne Gerüchte zur Sprache, sie soll angeblich versucht haben, für 10.000 Euro einen Listenplatz zur Landtagswahl zu „kaufen". Sie verteidigte sich damit, am Telefon laut gedacht zu haben und „übereifrig" gewesen zu sein, und damit gemeint zu haben, die Kosten ihres Wahlkampfes selbst bestreiten zu wollen.

Beim zweiten Parteitag in NRW, der nach den Wahlen im Sommer in Kleve stattfand, standen Anträge des NRW-Vorstandsmitgliedes Daniel Rasokat zur Abstimmung. Darin hieß es unter anderen:

> *„Wir, die Mitglieder des Landesverbandes NRW, betrachten die Piratenpartei Deutschland vom Selbstverständnis her nicht als feministische Partei"*
> sowie
> *„In unserem Bemühen um Geschlechtergerechtigkeit sehen wir Quoten als nicht geeignet an, struktureller, gesellschaftlicher Benachteiligung von Frauen entgegenzuwirken".*

Sich expressis verbis als nicht-feministisch zu definieren beschädigt Glaubwürdigkeit in allen Gebieten, in denen Piraten beispielsweise gegen Homophobie, Rassismus, Ableismus oder Antisemitismus tätig waren. Wenn an anderer Stelle für Inklusion, für die Abschaffung von Barrieren, für Teilhabe und Partizipation geworben wird, klingt das hohl, wenn eine Quotierung von Frauen von vornherein in allen Fällen als ungeeignet ausgeschlossen wurde. Damit wäre die erfolgreiche Arbeit vieler Piraten im Bereich Inklusion unglaubwürdig gemacht.

Ich habe es dann aufgegeben, ich bin nicht zu diesem Parteitag gefahren und habe keine weiteren Anträge für Parteitage im Landesverband Nordrhein-Westfalen mehr eingereicht.

Was mich im Vorfeld besonders geärgert hatte: Der Parteitag fand parallel statt zur wichtigsten netzpolitischen Demonstration des Jahres 2014, der „Freiheit statt Angst". Ich empfand das als eine sichtbare Demonstration des Desinteresses an politischen Aktionen: Selbstbeschäftigung war wichtiger. Da das auch jedes Bemühen torpedierte, Menschen aus NRW zu motivieren, mit Bussen zu dieser Demonstration nach Berlin zu fahren, habe ich auf das Anmieten eines Busses in dem Jahr verzichtet.

Foyerpiraten

Am 28. und 29. Juni 2014 fand der durch die Rücktritte erzwungene außerordentliche Parteitag in Halle an der Saale statt. Die Kriegs- und Endkampfrhetorik im Vorfeld ließ nichts Gutes erahnen. Mehrere Landesverbände, deren Vorstände sich zuvor bereits als „sozialliberal" positioniert hatten, griffen tief in die Schatztruhe und mieteten Busse an, um „Stimmvieh" zu den Wahlen zu karren – für die Transporte zur Freiheit statt Angst-Demonstration waren seitens dieser Landesverbände jeweils keine Gelder bereitgestellt worden. Man muss halt Prioritäten setzen, so schien es mir.

Der Parteitag war der menschlich unwürdigste, den ich je erlebt habe. Eine vernünftige Verabschiedung des scheidenden Vorstandes fand nicht statt, kritische Stimmen wurden ausgebuht. Als jemand eine Danksagung an den scheidenden Vorstand vorbringen wollte, ertönten Pfiffe.

Christopher Lauer kandidierte zum politischen Geschäftsführer, vermutlich in erster Linie deswegen, weil das der einzige Weg war, auf diesem Parteitag überhaupt eine Rede politischen Inhalts halten zu können. Seine Vorstellung wurde durch die Versammlungsleitung unterbrochen, weil er es gewagt hatte, den Zustand der Partei zu kritisieren. Er solle sich auf seine Vorstellung konzentrieren, erklärte man ihm, bevor man ihm endgültig den Ton abdrehte. Später wurde dann seine Kandidatur wegen eines Formfehlers für ungültig erklärt. Die Veranstaltung war zu einer Farce geworden.

Als Stefan Körner zum Vorsitzenden gewählt wurde, zogen sich die letzten progressiven Kandidaten zurück. Selbst Bartels und Schmiedke, die durch ihre Rücktritte den mit über 100.000 Euro meines Wissens teuersten Piraten-Parteitag aller Zeiten provoziert hatten, traten wieder für ihre alten Positionen an und wurden wiedergewählt. Der Putsch wurde belohnt, und die – vermeintlich – Sozialliberalen marschierten durch.

Die verzweifelten Piraten, die damit nicht einverstanden waren, verabredeten sich im Foyer des Gebäudes, um zu beratschlagen, wie man jetzt noch weitermachen könne. Dies war die Geburtsstunde der Progressiven Plattform – zunächst geprägt durch das schlichte Bemühen, progressive Piraten und Ex-Piraten zu sammeln, damit diese in einer geschützten Sphäre in Kontakt bleiben können und sich nicht in alle Winde zerstreuen. Doch die Progressiven Piraten nahmen keine rechte Fahrt auf – die Aktiven waren zu demotiviert und ausgebrannt, um weitere Initiativen zu entwickeln.

Die Partei implodierte. In der Folge traten massenhaft Leute aus, die mit dieser Art Richtungsbestimmung nicht einverstanden waren, oder die angesichts des Dauerfeuers unterirdischer Angriffe entnervt das Handtuch warfen. Die Sozialliberalen jubelten, waren sie nun in der Überzahl, und sahen, wie diejenigen davonzogen, die sie als ihre innerparteilichen Gegner empfanden. Die Partei verlor buchstäblich tausende Mitglieder, während die Sieger von einer Wiedereintrittswelle faselten. Mittlerweile stehen einige Gliederungen der Piratenpartei ohne aktive Mitglieder da und müssen kommissarisch verwaltet werden.

Es folgten auch Austritte von prominenten Piraten. Im September trat Christopher Lauer aus, der neben seiner Eigenschaft als Mitglied im Abgeordnetenhaus damals auch Vorsitzender der Berliner Piraten war. Später wurde bekannt, dass der Bundesvorstand wegen seiner Pöbeleien eine Ordnungsmaßnahme gegen ihn vorbereitet hatte. Es folgten die Abgeordneten Simon Weiß, Oliver Höfinghoff und Anne Helm. In Berlin bestanden die Fraktionen in Abgeordneten- und Bezirksrathäusern in der Folgezeit sowohl aus Piraten als auch aus parteilosen Ex-Piraten, die Fraktionen aber blieben in ihrer Form meist bestehen. Auch auf kommunaler Ebene verließen viele Mandatsträger die Partei.

In Nordrhein-Westfalen kreiste die Presse um meine Kollegin Birgit Rydlewski und mich, man erwartete unseren Austritt quasi stündlich: Wir wurden als die nächsten Mandatsträger gehandelt, die die Partei verlassen würden. Auf Presseanfragen reagierte ich zu dieser Zeit nicht. Allerdings war die Situation in Nordrhein-Westfalen eine grundsätzlich andere als in Berlin: Zwar war es auch hier satzungsgemäß möglich, auch ohne Parteimitgliedschaft Teil der Piratenfraktion zu bleiben, die Stimmung war jedoch deutlich anders als in Berlin: Würde ein Mitglied der Fraktion aus der Partei austreten, hätte das die ganze NRW-Fraktion erheblich unter Stress gesetzt. Als ich in einer Fraktionsklausur im Vorfeld das Thema ansprach, hatten mehrere Fraktionsmitglieder ganz deutlich gemacht, dass sie einen solchen Schritt nicht akzeptieren würden. Da außerhalb einer Fraktion die Wirkungsmöglichkeiten im Parlament und in den Ausschüssen begrenzt sind, habe ich damals zunächst auf den Austritt verzichtet.

Immerhin: Von einer lieben Piratin, die ich bis dahin noch nicht kannte, bekam ich einen Karton selbstgebackener Schokoladenmuffins als kleine moralische Unterstützung zugesandt. Ich habe mich sehr gefreut. Bezeichnenderweise ist auch sie heute keine Piratin mehr.

512K

Die Piratenpartei ist eine kleine Partei. Chronisch klamm, mit geringen Einnahmen und daraus resultierend geringer gesetzlicher Parteienfinanzierung. Das ist korrekt. Stimmt aber nur teilweise: Das größere Problem war, dass die Verwendung dieses wenigen Geldes nicht gerade zielgerichtet war.

Ein prägnantes Beispiel dafür ist die Spendenaktion „512k“, deren Ziel sein sollte, 512.000 Euro für die Partei einzuwerben. Das „k“ steht für den Faktor 1.000 wie bei der Speicherangabe Kilobytes für 1000 Bytes (eigentlich: 1.024 Bytes). Der damals tätige Bundesvorstand mietete für zwei Jahre eine Software namens *„Fundraisingbox“* mit einem Spendenformular, welches unter der Webadresse http://aktion.piratenpartei.de/ online war. Dort konnte man dann Spendenaktionen für die Partei starten und abwickeln, zum Beispiel für Wahlkämpfe, Projekte oder Themen. Die Kosten für dieses System waren für die vorgesehene Laufzeit der Miete von 2 Jahren mit schlanken 19.252 Euro kalkuliert. Die Anschaffung befürwortet hatte neben dem amtierenden Schatzmeister Stefan Bartels auch die Generalsekretärin Stephanie Schmiedke.

Es kam, wie es kommen musste: Eingeworben hat das Formular während seiner Lebensdauer knapp 9.878 Euro, also etwa die Hälfte seiner Kosten. Natürlich wurde der Mantel des Schweigens über dieses Desaster gebreitet. Ob den Spendern mitgeteilt wurde, dass ihr Geld zur Gänze für die Miete eines Webformulars verwendet werden musste, ist mir nicht bekannt. Selbst die Erhöhung der Erträge aus der staatlichen Parteienfinanzierung durch diese Spenden, die jeden eingeworbenen Euro grundsätzlich verdoppelt, wurde vollständig aufgebraucht.

Bezeichnend für den Zustand der Partei war, dass für das Ziel „Politische Arbeit" der Piratenpartei die unglaubliche Summe von 330 Euro eingesammelt werden konnte – so viel war politische Arbeit den verbliebenen Mitgliedern also noch wert.

Aber auch sonst gab man sich alle Mühe, Spender gründlich abzuschrecken. Bekanntlich sind Spenden an politische Parteien in gewissen Grenzen bis zur Hälfte steuerlich abzugsfähig – sie müssen dem Finanzamt gegenüber allerdings nachgewiesen werden. Viele Mitglieder (mich eingeschlossen) können ein Lied davon singen, dass Spendenbescheinigungen nicht immer rechtzeitig ausgestellt wurden, und dadurch den Spendern bares Geld bei der Steuererstattung verloren ging – das waren dann im Einzelfall auch mal Hunderte von Euro. Menschen, die für den Wahlkampf Kosten ausgelegt hatten, bekamen bisweilen ihr Geld nicht wieder oder mussten monatelang der Erstattung hinterherlaufen. Und zweckgebundene Beträge landeten auf Konten, wo sie sich bis heute drehen, mindestens aber wurde den Spendern Transparenz über die Verwendung verweigert. Nur natürlich, dass sich die Spendenbereitschaft unter diesen Umständen kontinuierlich verringerte.

Der Landesvorstand NRW der Piratenpartei listet in seinen Sitzungsprotokollen jedes Mal den Finanzbestand des Landesverbandes auf. Seit Frühling 2013 kann man sich regelmäßig über einen Bestand von über 200.000 Euro freuen. Bis Juli 2015 war dieser Betrag durch die Beträge der Parteienfinanzierung auf über 380.000 Euro angewachsen.

Man erinnert sich: im Herbst 2013 war Bundestagswahl. Die Piraten schnitten mit 2,2% enttäuschend ab. Im Mai 2014 folgten Kommunalwahlen in NRW und Europawahlen. Auch diese Ergebnisse waren alles andere als erfreulich. Nach der desolaten Lage der Partei im Vorfeld wäre in diesen Wahlen wenigstens ein Achtungserfolg wichtig gewesen, dieser blieb aber aus.

200.000 Euro sind für einen Wahlkampf sicher nicht viel. Dennoch ist mir vollkommen unverständlich, warum nicht einmal diese Gelder in die Wahlkämpfe 2013 und 2014 investiert worden sind: Es war doch offensichtlich, dass Niederlagen in diesen Wahlen die Piraten mindestens um Jahre zurückwerfen würden. Und wenn die Aktivität all der ehrenamtlich tätigen Mitglieder im Wahlkampf nicht mehr ausreichte, um mit diesen Mitteln hergestellte Materialen zu verteilen, hätte man immer noch Menschen dafür bezahlen können, Plakate aufzuhängen und Flyer zu verteilen, um mehr potentielle Wähler zu erreichen. Man beschränkte sich jedoch auf Spendenaufrufe aller Art, und war dann aber nicht mal in der Lage, die eingeworbenen Spenden rechtzeitig zweckgebunden einzusetzen. Diese landeten nur im Geldspeicher der Partei.

Ich habe im Dezember 2013 an den Landesverband NRW 1.000 Euro gespendet mit der Maßgabe, diese an die sechs von mir betreuten Kreise und Kreisverbände in NRW aufgeteilt weiterzuleiten. Ich hatte die Vorstellung, dass diese den kleinen Obolus für die im folgenden halben Jahr stattfindenden Wahlkämpfe gut werden brauchen können.

Es hat mich interessiert, was aus dem Geld geworden ist, und so habe ich nach geraumer Zeit nachgefragt, wie denn das Geld eingesetzt worden ist. Dabei musste ich feststellen, dass keiner der 6 befragten Kreisverbände und Kreise von meiner Spende überhaupt etwas wusste. Soweit ich es herausfinden konnte, dreht sich das Geld bis heute auf irgendwelchen Konten innerhalb des Landesverbandes NRW der Piraten bzw. seiner Gliederungen.

Mit diesem Zustand war ich unzufrieden. Ich forderte den Vorstand des Landesverbandes auf, das Geld weiterzuleiten und die Kreisverbände zu informieren, oder andernfalls das Geld zurückzuerstatten, damit ich es selbst direkt an die Kreise weiterleiten kann.

Das NRW-Vorstandsmitglied Daniel Rasokat antwortete mir, als ich den Landesverband um Aufklärung respektive um Rückgabe des Geldes bat. *„Wir haben kein Verständnis für Dein Ansinnen. Wir möchten darüber auch nicht diskutieren“* ließ er mich wissen. Das Geld sei den Kreisverbänden „zugebucht“, eine Forderung der Rücküberweisung wies er zurück. Man wolle es notfalls auf eine Gerichtsverhandlung ankommen lassen (ich habe nie eine angedroht). Sein Schreiben an mich endet wie folgt: *„Die anschliessende Gerichtsverhandlung wird öffentlich sein, und der Partei schweren Schaden zufügen. Dass Du damit ebenso Deine Person beschädigst, ist Dir sicherlich bewusst. Mit freundlichen Grüssen, Dein Landesvorstand NRW“* (Schreibfehler im Original)

Natürlich habe ich kein Interesse an einer Gerichtsverhandlung, ob sie nun öffentlich ist oder nicht. Die Drohung mit einer Rufschädigung meiner Person ist allerdings infam.

Ich habe es damit auf sich beruhen lassen. Man kann sich gewiss vorstellen, in welche Himmelsrichtung sich meine Spendenbereitschaft zugunsten dieses Landesverbandes anschließend bewegt hat.

Übrigens: Auch dem selbstgesteckten Transparenzziel der Piratenpartei, jede Spende ab 1000 Euro zu veröffentlichen, ist man nicht nachgekommen. Öffentlich beklagt man sich immer über mangelnde Transparenz bei Spenden an die anderen Parteien – selbst wurde genau diese Transparenz aus Inkompetenz auch nicht hergestellt. Auf den Webseiten, auf denen die Verwaltung der Partei Spenden von 1000 Euro oder höher aufzählen wollte, ist diese Überweisung von mir jedenfalls niemals verzeichnet worden.

Ein weiteres abschreckendes Beispiel an Inkompetenz war der *„PShop“*, der Shop der Partei, in dem man Werbemittel der Piraten bestellen konnte. Die verfügbaren Produkte dort waren teurer als im Direktkauf, und begehrte Stücke konnten monatelang nicht bestellt werden, weil man es nicht organisiert bekam, sie beim Hersteller nachzuordern. Kabelbinder hingegen waren nach all diesen Wahlkämpfen immer noch für über 50.000 Euro Materialwert lagernd. Dass ein solcher Shop keine nennenswerten Umsätze generiert hatte und dass sich das wiederum negativ auf die Parteienfinanzierung auswirkte, die ja jeden eingenommenen Euro grundsätzlich verdoppelt hätte, dürfte niemanden verwundern.

In der Partei, in der Verwaltung und der Schatzmeisterei sind hauptsächlich ehrenamtliche Personen tätig. Sie wenden erhebliche Teile ihrer Freizeit damit auf, finanzielle und organisatorische Dinge dieser Partei halbwegs am Laufen zu halten. Das ist sicher gut gemeint und grundsätzlich auch lobenswert. Wenn es jedoch nicht gelingt, Pflichten zur Dokumentation und Rechenschaft Spendern gegenüber zu erfüllen, wenn Geld nicht bestimmungsgemäß verwendet werden kann, wenn Steuererstattungen verloren gehen und krasse Fehlentscheidungen vollkommen ohne Konsequenzen bleiben, dann ist das am falschen Ende gespart.

Das „politisch korrekte" Beleidigen von Nazis

Im November 2014 hatte Christopher Lauer einen Tweet abgesetzt, in dem er eine NPD-Kandidatin mit dem Begriff „adipös“ abwerten wollte. Unter ein Foto der Kandidatin schrieb er den ausgedachten Slogan „jung – frech – adipös“. Es entwickelte sich eine Diskussion auf *Twitter*, inwieweit auch „politisch nicht korrekte“ Beleidigungen gegen Nazis zulässig sind, wie hier im Bereich des „Fat-Shaming“. Es stellte sich die Frage, ob es in Ordnung ist, Beleidigungen gegen Nazis zu verwenden, mit denen auch ganz andere Gruppen üblicherweise diskriminiert werden. Von Christophers Tweet empfanden sich Menschen angegriffen, die nicht den Normalgewichtidealen entsprechen. Es wurde angeführt, dass derjenige, der solche Begriffe benutze, damit ihre Verwendung als Beleidigung legitimiere.

Dieses Problem sehe ich ganz genauso: Das Wiederholen von strukturellen und gruppenbezogenen Diskriminierungen verletzt Menschen auch dann, wenn es – wie hier – in einem anderen Kontext gegen Nazis gerichtet sein soll. Für mich persönlich gilt jedoch: Ich habe Verständnis, wenn man Nazis auf jede Art und Weise beleidigt, die sie trifft: Wenn man sie mit einer solchen Beleidigung also tatsächlich aufhalten oder stoppen kann.

Die Pflicht eines jeden Demokraten und Antifaschisten ist es, sich Nazis in den Weg zu stellen, sie aufzuhalten, ihre Demonstrationen zu stören, sie zu demaskieren und die Verbreitung ihres Giftes zu stoppen. Ich kann Menschen nicht verurteilen, die im Übereifer in ehrlicher Empörung dabei über die Stränge schlagen.

Allerdings gilt das für mich nur, wenn diese „politisch nicht korrekten Beleidigungen“ von Menschen geäußert werden, die selbst Ziel solcher Angriffe sind. Ich versuchte meine Haltung in der Diskussion auf *Twitter* mit einem Beispiel zu illustrieren: Ich als selbst „irgendwie jüdischer Mensch" könnte Nazis als „Judenschweine" bezeichnen, wenn es denn irgendeinen Nutzen hätte, wenn es einen Nazi von seinem Tun abhalten würde. Eigentlich unnötig zu sagen, dass das nicht so ist: Eine solche Beleidigung würde Nazis niemals treffen. Einen Nutzen hat so eine Schmähung also nicht – demnach verbietet sich der Versuch einer derartig formulierten Beleidigung.

Auch hier kam es, wie es kommen musste: Der Tweet wurde aus dem Zusammenhang gerissen und weiterverbreitet. Am Schluss war er so entstellt, dass ich angeblich „Israelis" oder „politische Gegner" so bezeichnet hätte. Dabei war der Tweet erstens konditional formuliert, und zweitens verneint: Ich habe weder jemals einen Menschen mit diesem Schmähwort bezeichnet, noch habe ich das vorgeschlagen. Das wäre auch widersinnig.

Ich habe in der darauf folgenden Diskussion erfahren, dass durch diese Art der Konterbeleidigung wiederum Menschen beleidigt werden. Und das tut mir leid.

Insgesamt finde ich die Diskussion darüber, wie man Nazis „korrekt" beleidigt, eher abträglich. Wichtiger ist es doch, sich tatsächlich und wirksam Nazis entgegen zu stellen. Die Idee, Nazis emanzipatorisch gegenüberzutreten ist naiv – mit eingefleischten Nazis zu diskutieren ist zwecklos, man kann sie nicht überzeugen. Wenn sich antifaschistisch eingestellte Menschen gegenseitig dafür angreifen, auf welche Weise sie sich gegen Nazis engagieren, schwächt das den Widerstand insgesamt. Ich möchte keines der möglichen, wirksamen Instrumente im Kampf gegen Nazis aus der Hand legen. Über Differenzen in den Methoden kann man sich austauschen – in geeignetem Rahmen, privat, mit kühlem Kopfe, wenn niemand gerade in einer Ecke steht und der Solidarität bedarf.

Als „irgendwie jüdischer“ Mensch sehe ich mich immer wieder Angriffen ausgesetzt und befinde mich manchmal in einer Verteidigungssituation. Die Angriffe nehmen keine Rücksicht darauf, was angemessen oder politisch korrekt ist. Sicher reagiere ich selbst darauf nicht immer angemessen, ich kann mich nicht davon freisprechen, auch mal eine falsche oder dumme Formulierung als Antwort zu verwenden. Wie aber dieser Tweet zweckentfremdet und entstellt und dann später instrumentalisiert worden ist, sprengt allerdings jeden Rahmen.

Basisentscheid offline

Bei seiner Amtseinführung auf dem Parteitag in Halle im Juni 2014 hatte er es zugesagt: Innerhalb von 100 Tagen wollte der neue Bundesvorsitzende Stefan Körner einen Mitgliederentscheid des „BEO“ herbeiführen. BEO, das stand für „Basisentscheid online“: Ein Abstimmungstool, welches vollkommen anonyme Stimmabgaben erlauben sollte und keine Stimmdelegation vorsah. Der BEO sollte die Alternative zum verhassten Liquid Feedback werden, obwohl letztlich niemand erklären konnte, warum dieses Programm nicht auch an den grundsätzlichen Problemen von Wahlcomputern leiden würde. Eine solche Software gab es noch nicht, man wollte sie erst erstellen.

Doch diese Software wurde nicht rechtzeitig fertig. Ehrlich gesagt ist unklar, wie weit die Programmierung überhaupt jemals gekommen ist, denn die letzten dokumentierten Teambesprechungen fanden offenbar laut den veröffentlichten Protokollen schon nach wenigen Wochen ohne Team statt. Also kam man auf die Idee, aus dem Basisentscheid online einen Basisentscheid offline zu machen, und den Entscheid zunächst per Briefpost zu erledigen. BEO, das stand plötzlich für „Basisentscheid online und offline".

Nun begannen Planungen dafür, diese Befragung per Brief zu regeln, samt den vorhersehbaren Problemen der Registrierung und Authentifizierung aller Mitglieder. Man schuf die Möglichkeit, sich auf Parteitagen oder per Postident-Verfahren gegenüber der Partei zu identifizieren. Eine Urabstimmung per Brief ist nun wirklich keine Innovation und einer Internet-Partei eigentlich unwürdig. Im Vergleich zu den Instrumenten, die schon mal in der Piratenpartei im Einsatz waren, war das ein drastischer Rückschritt.

Man öffnete eine Webseite, auf der man Vorschläge für die ersten Positionspapiere, die damit abzustimmen seien, online einreichen konnte. Ich tat das testweise mit meinen 12 „Piratlinksliberal"-Anträgen, die ich schon auf dem NRW-Parteitag vorgestellt hatte. Einige davon tauchten auf dem Portal auf, andere nicht. Die Gründe dafür sind mir nicht bekannt.

Doch die Authentifizierung funktionierte nicht zufriedenstellend: Es erhielten Ausgetretene Einladungen zur Teilnahme am BEO, und umgekehrt kam es vor, dass sich aktive Mitglieder nicht registrieren konnten. Als ein Mitglied dann auf das Recht zur Teilnahme klagte, und das Schiedsgericht den Bundesvorstand verpflichtete, diesem Mitglied die Teilnahme an dieser Art Urabstimmung zu ermöglichen, war das dem Bundesvorstand willkommene Gelegenheit, das verkorkste Projekt vollkommen zu stoppen. Sämtliche Aktivitäten wurden mit Verweis auf das Urteil des Bundesschiedsgerichts eingestellt – dabei war das ein Urteil, welches nur für den behandelten Einzelfall Wirkung hatte, und eben gerade keine Grundsatzentscheidung. Das war das letzte, was man vom Basisentscheid hörte – diese geplante Möglichkeit zur Mitgliederbeteiligung war schon in den Ansätzen verendet.

Überhaupt, der Diskurs in der Partei: Zuletzt gab es überhaupt keine funktionierenden politischen Entscheidungsprozesse in dieser Partei mehr, nicht auf Bundesebene, und in vielen Landesebenen auch nicht mehr, soweit ich das überblicken konnte. Die letzen politisch-programmatischen Entscheidungen der Bundespartei waren im Vorfeld der Europawahlen getroffen worden. Seit dieser Zeit reihten sich Wahlparteitage an Wahlparteitage, gespeist durch Rücktritte und personelle Querelen. Der aktuelle Bundesvorstand hat 2015 auf einen inhaltlichen Parteitag gleich ganz verzichtet: Zwischen seiner putschförmigen Wahl, die aufgrund der Rücktritte vorzeitig notwendig geworden war im Juni 2014, und dem für Juli 2015 angesetzten Wahlparteitag zur turnusmäßigen Neuwahl des Vorstandes gab es überhaupt keine Mitgliederversammlung, die irgendwelche inhaltlichen Abstimmungen hätte vornehmen können. Durch den vorzeitigen Rücktritt war schon der programmatische Parteitag 2014 entfallen. Personenwahlen ersetzten den Programmdiskurs vollkommen.

Alle Ansätze, dieses Entscheidungsvakuum zu füllen, waren erfolgreich torpediert worden. Alle Formen elektronischer Mitbestimmungen wie *Liquid Feedback* und die damit geplante „ständige Mitgliederversammlung" waren gestoppt oder gar nicht erst ernsthaft in Angriff genommen. Der halbherzige Versuch, mit dem „BEO", dem Basisentscheid online wenigstens offline eine Briefabstimmung zu organisieren, war ebenfalls gescheitert – die darin befindlichen bereits eingereichten Anträge schimmelten weiter vor sich hin. Doch irgendwie schien dieser Zustand niemanden zu stören. Und so war es nur konsequent, dass zum Bundesparteitag 2015 ein Antrag eingereicht wurde, den Basisentscheid wieder aus der Satzung zu streichen: Der BEO hatte seine Pflicht erfüllt, *Liquid Feedback* in der Partei zu beerdigen. Der BEO kann gehen.

2015

Auf dem Hügel, in dem alten Haus, ist man der Natur richtig nah, sie beginnt direkt vor der Tür. Doch das bedeutet, dass allerlei Krabbelgetier seinen Weg in das Haus findet. Das ist zwar lästig, aber ungefährlich. Die Schlangen, die im Garten unter den Steinen wohnen, sind ebenfalls harmlos. Wenn man Glück hat, kann man gelegentlich ein Stachelschwein über den Weg laufen sehen.

Am Wetter nimmt man ganz unmittelbar teil. Wenn es dort im Sommer gewittert, fühlt sich das an, als würde die Welt untergehen. Der Donner ist ohrenbetäubend, und die Blitze scheinen unmittelbar um das Haus herum in den Berg einzuschlagen. Der Regen ist dann so stark, dass er es oft durch die Dachziegel schafft, und dann muss man für einige Stunden Töpfe und Schüsseln aufstellen. Oft genug fällt dann auch noch der Strom aus, denn die Stromleitungen verlaufen oberirdisch. Die Zivilisation ist nur eine dünne Kruste auf dem Chaos.

Innerparteiliche Beteiligung am Ende

Piratenpartei 2015: Die innerparteiliche Beteiligung ist am Ende. Politische Willensbildung findet nicht mehr statt. Personenwahlen ersetzen Programmdiskurs. Die Chancen elektronischer Mitwirkungs- und Beteiligungsmöglichkeiten wurden vergeben. Die innerparteiliche Ausrichtungsumfrage, die die Piratenpartei im Mai 2015 durchführte, war dazu dann die endgültige Kapitulationserklärung.

Ich erhielt eine E-Mail von der Mitgliederverwaltung der Piratenpartei. Darin fragte der Bundesvorstand, wie sich die Piratenpartei zu den Wahlen 2017 ausrichten soll. So hieß es beispielsweise in der zweiten Frage: *„Mit welchen Themen sollen wir PIRATEN die kommenden Wahlkämpfe bestreiten?"*. Aufgelistet wurden anschließend 27 Punkte, die mit *„Unbedingt – Eher Ja – Eher Nein – Auf keinen Fall"* bewertet werden sollen.

Die Auswahl der Punkte – offensichtlich angelehnt an das Grundsatzprogramm der Partei – bildete aber kaum das Spektrum politischer Fragen ab. So fanden sich die Themen *„Umwelt"* und *„Landwirtschaft"* jeweils in zwei separaten Punkten aufgelistet, ebenso *„Europa"* sowie *„Außenpolitik"*, *„Drogenpolitik"* und *„Suchtpolitik"*, *bisweilen* unmittelbar untereinander. Dahingegen suchte man die Themen *„Asyl"* oder *„Flüchtlinge"* vergeblich. Genauso fehlte *„Sozialpolitik"*, *„Arbeit"*, *„Medien"* oder schlicht *„Netzpolitik"*. Gleichstellung der Geschlechter war mit Familienpolitik zusammengelegt. Den Punkt *„Teilhabe"* gab es nur als *„Teilhabe am digitalen Leben"* – Teilhabe am analogen Leben war nicht vorgesehen.

Unter der Überschrift *„Statements der Piratenpartei"* fanden sich 22 Aussagen, die man mit *„1: stimme voll und ganz zu"* bis *„4: stimme gar nicht zu"* bewerten sollte. Mir erschienen die Fragen bisweilen suggestiv, so dass man sie eigentlich nur vollkommen bejahen oder verneinen sollte. Manche Fragen verbanden sich mit einer inhaltlichen Aussage, wie etwa *„Wir brauchen ein Demokratie-Update, die repräsentative Demokratie hat sich aber bewährt."* Was sollte ein Nein zu dieser Aussage bedeuten? Dass sich die repräsentative Demokratie nicht bewährt hat, oder dass sie nicht geändert werden muss? Ein politisches Profil erarbeitet man sich mit solchen Fragen jedenfalls nicht.

Besonders zeigte sich die Suggestion in dem Kleinod von Frage *„Im politischen Kampf sind für uns PIRATEN selbst Straftaten ein zulässiges Mittel"*. Wer hätte hier mit Ja antworten können, ohne sich sofort einem innerparteilichen Shitstorm ausgesetzt zu sehen? Dabei ist hieran schön zu erkennen, dass diese Form politischer Befragung ohne Kontext und Diskurs vollkommen unnütz war: Wer oder was sind die PIRATEN in diesem Zusammenhang? Die Partei als Ganzes? Auch jedes Mitglied für sich? Selbst privat, wenn es dabei nicht als Piratenparteimitglied in Erscheinung tritt? Und weiter: Um welche Art von Straftaten soll es denn gehen? Was ist mit illegalen Tätigkeiten wie dem Verstoß gegen das Urheberrecht oder den Hackerparagraphen? Dem Besitz von Cannabis, digitaler DDOS-Blockaden, der Veröffentlichung geheimer Dokumente, will man diese Mittel auch ausgeschlossen sehen, wenn man mit Nein stimmt? Wie sieht es mit dem Blasphemieparagraphen aus?

In Vergangenheit wurde durch politische Aktionen das Verbot einst strafbewehrter Handlungen wie Abtreibung oder Homosexualität in Frage gestellt. Und dazu musste gegen diese Strafnormen verstoßen werden. Ist den Befragten diese Dimension überhaupt bewusst?

Diese so formulierte Frage diente alleine der Polarisierung, dem Stich ins Wespennest der Partei. Ich kann dahinter keine produktive Absicht erkennen. Den Diskurs um diese Themenstellung ersetzt eine „Ja-Nein-Vielleicht"-Auswahl nicht. Das stellte nichts weiter als eine Beteiligungssimulation dar – dabei hatten wir doch die elektronischen Werkzeuge in der Schublade, einen solchen Diskurs dann auch zu führen.

Geradezu verzweifelt klang die Bitte von Bundesvorsitzendem Stefan Körner, man solle bitte Kernthemen ankreuzen. *„Bedenk bei Deiner Entscheidung, dass es hier einerseits um die Themen geht, die Dir persönlich besonders* *am Herzen liegen; auf der anderen Seite sollten die Themen unser Alleinstellungsmerkmal aufweisen"* hieß es in der Einladungsmail. Was denn nun? Und was soll „unser Alleinstellungsmerkmal" denn sein? Selbst diese Diskussion hätte doch erst einmal geführt werden müssen.

„Die Parteien wirken bei der politischen Willensbildung des Volkes mit" heißt es in Art. 21 des Grundgesetzes. In §1 des Parteiengesetzes wird diese Willensbildung zur Pflicht von Parteien erklärt. Umfragen mit tendenziösen Fragen und dazu fest vorgegebenen Antworten, aus denen man dann auswählen darf, stellen für mich jedenfalls keinen politischen Diskurs dar. Insofern verletzte die Piratenpartei bereits seit geraumer Zeit ihre Pflicht, bei der politischen Willensbildung mitzuwirken.

Innerparteiliche Beteiligung galt mal als sehr hohes Gut der Piratenpartei. Gerade die neuen, elektronischen Mitwirkungs- und Beteiligungsmöglichkeiten waren tatsächlich ein Alleinstellungsmerkmal der Piratenpartei, eine Vision von politischer und gesellschaftlicher Partizipation im 21. Jahrhundert. Das lag alles brach, sie war mit ihren Möglichkeiten weit hinter die anderen, die Alt-Parteien zurückgefallen. „Ja-nein-vielleicht"-Umfragen statt Liquid Democracy hielt man in der Piratenpartei zuletzt für Beteiligung. Ein Elend.

Tu cuoque

Programm-Reset: Unter diesem Begriff begannen Bestrebungen innerhalb der Piratenpartei, das gesamte bisherige Programm der Piraten wegzuwerfen bzw. „auslaufen zu lassen", um für ein neues, besseres bereit zu sein, von dem allerdings weit und breit noch nichts zu sehen war. Ausgegangen war das vom Landesverband Hessen, der auf seinem Landesparteitag 2014.1 im Oktober 2014 in Kassel beschlossen hatte, das Programm „auslaufen" zu lassen und anschließend durch ein neues zu ersetzen. Auch zum Bundesparteitag im Juli 2015 wurden vergleichbare Anträge eingereicht.

Das war in der Vorstellung begründet, die Niederlagen der Piratenpartei hätte ihre Ursache in der fehlenden programmatischen Konzentration auf „Kernthemen". Indem man das gesamte Programm wegwarf, wollte man den Weg freimachen für ein solches Kernprogramm.

Sicher, man kann jederzeit eine neue politische Position entwickeln und beschließen, die dann ggf. eine alte ablöst. Das ganze Programm aber mal eben für obsolet zu erklären und festzustellen, dass es mit dem nächsten Parteitag insgesamt ungültig sei, ist allerdings eine krasse Idee. Sie stellt en passant mal eben die vollständige bisherige politische Ausrichtung der Partei in Frage. Und das habe ich in einem meiner Blogposts kritisiert.

Für diese Aussage, der Landesverband Hessen hätte sein Programm gelöscht und stünde nun ohne da, bin ich von zwei Vorstandsmitgliedern des Landesverbands via *Twitter* kritisiert worden. Diese und einige weitere Tweets sind bezeichnend für den oft sehr destruktiven Stil des innerparteilichen Umgangs.

Der politische Geschäftsführer der Piraten Hessen Alexander Schnapper derailte schon in seiner ersten *Twitter*-Antwort auf meinen Beitrag, ein Paradebeispiel für den Kommunikationsstil unter Piraten. Kritik wird grundsätzlich personalisiert, indem man zum Beispiel die Qualifikation des Kritisierenden infrage stellt. Beliebt ist auch der rhetorische „tu cuoque"-Ansatz, indem man dem Kritiker vorwirft, er würde persönlich genau dieselben kritisierten Fehler machen. Schnapper schrieb in seinem Tweet: *„musste bei deiner Aussage zu LV Hessen lachen. Nebenbei, wann warst du zuletzt auf einem LPT in NRW und hast dich eingebracht?"*

Der Generalsekretär der Piratenpartei Hessen Robin Geddert nutzte die typische „alles falsch recherchiert"-Verteidigung, die bei Piraten ausgesprochen beliebt ist: *„@netnrd hat leider den Reset nicht verstanden. Die @PiratenHessen haben nix gelöscht, sondern werden es ersetzen. Schlechte Recherche. Scnr"*. Inhaltliche Befassung mit der geäußerten Kritik ist nach dieser Art der Verteidigung natürlich gar nicht mehr erforderlich.

Im gleichen Blogpost hatte ich beklagt, dass die innerparteiliche Willensbildung zum Erliegen gekommen sei. Die elektronischen Beteiligungsmöglichkeiten zum Beispiel durch Liquid Democracy-Tools, die die Piratenpartei nicht umgesetzt hatte, bezeichnete ich als „Vision für die Zukunft". Der Bundesvorsitzende der Piratenpartei Stefan Körner reagierte darauf mit einem Tweet wie folgt: *„Wer Wahlcomputer für ein Konzept für die Zukunft hält, sollte damit rechnen, seine Stimme nicht abzugeben sondern an die #NSA zu delegieren."*

Diese Antwort war gleich mehrfach bezeichnend. Voraussetzend, er bezieht sich mit seinem – ansonsten zusammenhanglosen – Tweet auf jenen Blogpost von mir, kann man hieran auch wieder zwei typische Kommunikationsmuster der Piraten erkennen: Das Reden über- anstatt miteinander, hier in Form eines „Nonmention"-Tweets ohne konkrete Namensnennung des Gemeinten, und Strohmann- und Dammbruch-Argumenten, hier: dass jeder, der auf elektronische Beteiligung setzt, der Überwachung durch den NSA Vorschub leistet. So musste er sich auch nicht auf eine eventuelle inhaltliche Diskussion einlassen, in der er womöglich hätte erklären müssen, warum der von ihm propagierte Basisentscheid online denn nun kein Wahlcomputer sei.

Als letztes möchte ich exemplarisch für die beleidigenden Kommentare, die ich erhielt, einen Tweet von Bernhard Koim nennen, der Kreistagsabgeordneter der Piratenpartei in Gotha ist, ohne weiteren Kommentar: *„Fragen so gewählt damit solche Spacken wie @netnrd nicht wissen wo Kreuze werden Position Antideutsch fehlt komplett“* (Satzstellung im Original).

Dass ein solcher Umgang zwischen Parteimitgliedern, mindestens aber zwischen Mandatsträgern der Piratenpartei untereinander, zudem in der Öffentlichkeit, untragbar ist, versteht sich eigentlich von selbst – die Piratenpartei duldete solches Verhalten aber konsequenzlos viele Jahre.

Ordnungsmaßnahme als Beschäftigungstherapie

Womöglich lag es an einer technokratisch-legalistischen Ausrichtung vieler Mitglieder, dass der Stil innerparteilichen Umgangs so elend war – auf jeden Fall traf das auf den zuletzt amtierenden Bundesvorstand zu. Solidarität und Empathie waren Fehlanzeige.

So hat es der Bundesvorstand nicht geschafft, die einzige Europaabgeordnete der Piratenpartei, Julia Reda, um Partizipation am Bundesparteitag 2015 in Würzburg zu bitten. Als sie etwa zwei Wochen vor dem Parteitag von der Parteitagsorganisation eine Email erhielt, sie möge doch, wenn sie eine Rede halten wolle, die Powerpoint-Folien ihres Vortrages als PDF-Dokument einreichen (und das von der Partei, die sich einst für offene Formate und Open Source-Software einsetzte), hatte sie bereits eine längere Vortragsreise nach Mexiko und den USA geplant. Julia gilt als progressiv, hat aber in den Auseinandersetzungen niemals Stellung für eine Seite bezogen und verhielt sich immer ausgesprochen diplomatisch – konservativen Piraten war sie dennoch stets ein Dorn im Auge. Diese ausgrenzende Behandlung, auch und gerade durch den Bundesvorstand, ist ein Affront.

Auch innerhalb des Bundesvorstandes ist die persönliche Auseinandersetzung sehr heftig geführt worden. Dem ursprünglich für die Presse- und Öffentlichkeitsarbeit zuständigen Beisitzer Bernd Schreiner wurden im Laufe der Amtsperiode durch den Rest-Vorstand seine Aufgaben entzogen. In seinem Rechenschaftsbericht zum Ende der Amtszeit beschreibt er, wie seine Arbeit vom restlichen Bundesvorstand torpediert und demontiert worden ist. Konsequenterweise trat Schreiner nicht für eine weitere Amtsperiode an.

Meinen Tweet zur politisch inkorrekten Beleidigung von Nazis, den ich nach den erheblichen Missverständnissen, die das ausgelöst hatte, längst wieder gelöscht hatte, nahm der Bundesvorstand zum Anlass, eine Ordnungsmaßnahme gegen mich verhängen zu wollen.

Die Ordnungsmaßnahme wurde mir vom Bundesvorsitzenden Stefan Körner per Email angekündigt. Bereits darin wurde sowohl das Strafmaß festgesetzt als auch das Urteil des Vorstandes begründet. Im Vorfeld gab es keine Anhörung, keine Nachfrage oder Telefonate, keine Email – weder von einem Mitglied des Vorstandes noch von einem Beauftragten. Niemand kam auf die Idee, nach Intention der Aussage oder dem Kontext zu fragen. Meinem Anspruch auf rechtliches Gehör meinte man ausreichend dadurch Genüge zu tun, indem man mir 7 Tage Zeit einräumte, um mich schriftlich zum Sachverhalt zu äußern (was ich tat und den Vorwurf zurückwies).

Eine Anhörung hätte natürlich darin bestehen müssen, mich mit den Vorwürfen zu konfrontieren. Eine Bewertung dieser Vorwürfe hätte – zumindest bei rechtsstaatlichen Verfahren – erst dann erfolgen dürfen, nachdem sich der Beschuldigte geäußert hat. Daran ändert man auch nichts, wenn man das Urteil und die Strafverkündigung selbst mit „Anhörung“ betitelt, die man dem Delinquenten dann mitteilt.

Ich fühlte mich an klingonische Gerichtsbarkeit erinnert – Urteil und Strafmaß stehen schon zu Beginn einer Verhandlung fest, das Verfahren selbst dient nur dazu, dem Angeklagten die Weisheit und Gerechtigkeit des Gerichts zu vermitteln. (Klingonen sind martialische Bösewichter aus der Science-Fiction-Fernsehserie „Star Trek".)

Auf meine Stellungnahme hin geschah: Erst mal gar nichts. Ich hörte zwei Monate lang keinen Ton vom Bundesvorstand. Ich dachte bereits, die Angelegenheit habe sich erledigt – sicherheitshalber fragte ich aber nochmal per Email nach, wie der Verfahrensstand sei. Daraufhin erhielt ich von Stefan Körner erneut eine Email, in der mir mitgeteilt wurde, dass der Bundesvorstand den Beschluss über diese Ordnungsmaßnahme getroffen habe. Die mir bereits mitgeteilte Begründung wurde wiederholt. Das war's, aus Sicht des Bundesvorstands.

Ich musste also meinerseits vor das Schiedsgericht ziehen, um mich gegen die unberechtigten Vorwürfe und das Strafmaß zu wehren. Hier wurde zunächst ein schriftliches Verfahren eingeleitet. Darin wurde es kafkaesk: Die Schriftsätze, die durch den Vertreter des Bundesvorstandes an das Gericht und an mich gesendet wurden, waren mehr als befremdlich. So warf man mir vor, ich habe die Ordnungsmaßnahme selbst nicht schriftlich dem Gericht vorgelegt – womöglich gäbe es sie also gar nicht, demnach könnte ich auch keinen Widerspruch einlegen. Kein Wort dazu, dass es der Bundesvorstand war, der die Schriftform nicht eingehalten hatte (was er kurz darauf behob und mir die schriftliche Begründung auch noch nachlieferte, mehrere Wochen später). Das Bizarr-o-Meter schlug besonders weit aus, als der Bundesvorstand alle Mitglieder und Ersatzmitglieder des Schiedsgerichts wegen Befangenheit ablehnen lassen wollte. Das mag in Gerichtsverfahren häufiger vorkommen, hat aber einen sehr seltsamen Beigeschmack, wenn ein Organ einer Partei gegen ein anderes

Organ der Partei die Vermutung einer derartigen Verschwörung gegen sie äußert.

Derweil wurde mein „Fall" in einer *Mumble*-Sprechstunde des Bundesvorstandes ausführlich thematisiert. Über eine Stunde lang ließen sich Mitglieder des Bundesvorstandes über meine Person und meine mutmaßlichen Verfehlungen aus – zu dem Zeitpunkt war das Verfahren vor dem Schiedsgericht bereits anhängig und die Vorwürfe von mir wirksam bestritten worden. Ungeachtet der Grundsätze von Privatsphäre, Datenschutz und Unschuldsvermutung, die der Bundesvorstand an anderer Stelle so gerne hochhielt, hat er sich offenbar in dieser Sprechstunde dermaßen verplappert, dass über eine dreiviertel Stunde der Tonaufzeichnung herausgeschnitten wurde, bevor man diese später online zum Download stellte, wie man das mit den Aufzeichnungen der Sprechstunden in der Regel machte. Man erinnere sich, dass innerhalb der Partei zu einem anderen Zeitpunkt die Privatsphäre und Datenschutz von Menschen, die Ziel von Ordnungsmaßnahmen werden sollten, höher als die von Opfern gewertet wurde.

Eigentlich unnötig zu erwähnen, dass ich zu dieser Veranstaltung nicht hinzu gebeten worden bin. Man fand es noch nicht mal notwendig, mich über diese Zurschaustellung überhaupt offiziell zu informieren – weder im Vorfeld noch im Nachhinein. Ich habe nur durch Zuhörer zu einem späteren Zeitpunkt davon erfahren. Öffentliche Tribunale in Abwesenheit der Beschuldigten offenbaren jedenfalls ein gerüttelt Maß an Feigheit.

Vermutlich genauso wenig überraschend ist es, dass mir die ungeschnittene Version der Aufzeichnung niemals ausgehändigt wurde, obgleich ich das auf verschiedenen Wegen versucht habe, um mir selbst ein Bild machen zu können: Weder Vorstand noch Presseabteilung antwortete, und das Schiedsgericht erklärte, selbst keine Beweise beschaffen zu können. Sogar der Datenschutzbeauftragte der Bundespartei bekam diese Tonaufnahme nicht herausgegeben. So kenne ich bis heute nur Hörensagen und die geschnittenen Teile der Aufzeichnung – mir vielsagend genug.

Nach dem schriftlichen Verfahren setzte das Schiedsgericht eine mündliche Verhandlung an. Das zuständige Landesschiedsgericht bewertete in seinem anschließenden Urteil die Begründung der Ordnungsmaßnahme durch den Bundesvorstand als nicht zutreffend und hob die Ordnungsmaßnahme auf. Vom Bundesvorstand erschien niemand zu dieser Verhandlung, ebenso wenig kam ein Bevollmächtigter oder Prozessvertreter der Gegenseite. Damit trieb der Bundesvorstand die soziale Inkompetenz auf eine Spitze: Diese Missachtung des Landesschiedsgerichtes und auch meiner Person war frappant.

Doch wer meint, damit war die Angelegenheit bereits beendet, der irrt: Obgleich der Vorstand es nicht für erforderlich hielt, vor dem Landesschiedsgericht zu erscheinen, das Gericht also nach Aktenlage entschied, hat der Bundesvorstand gegen diese Entscheidung dann wiederum Berufung eingelegt: Er hat das Bundesschiedsgericht angerufen, um feststellen zu lassen, dass das Landesschiedsgericht ein Fehlurteil getroffen hat. Das Bundesschiedsgericht allerdings hat dann die Revision wegen eines Formfehlers des Berufungsführers, also des Bundesvorstandes, gar nicht erst eröffnet.

Die Spitze sozialer Inkompetenz wurde also zu einem Doppelgipfel: Erst lässt man eine Verhandlung, die man durch eine ungerechtfertigte Ordnungsmaßnahme selbst hervorgerufen hat, ohne eigene Stellungnahme passieren, und dann greift man das so entstandene Ergebnis, dessen Zustandekommen man selbst verschuldet hat, in einer weiteren Instanz an. Dass man es dann noch nicht einmal schafft, Formen und Fristen einzuhalten, ist dabei noch eine komische Randnotiz, das Tüpfelchen auf dem i. Genauso komisch ist die Tatsache, dass Bundesschiedsgericht und Bundesvorstand per Einschreiben miteinander kommunizieren: An jeweils dieselbe Adresse in Berlin, nämlich an die Bundesgeschäftsstelle der Piratenpartei in der Pflugstraße 9a.

Das ganze Verfahren war zu einer reinen Beschäftigungstherapie degeneriert, zum Knüppel zwischen den Beinen, ein individuelles Fußeisen für mich. Ich kann die Angelegenheit nur noch als Disziplinierungsversuch aus persönlichen oder politischen Gründen werten. Keines der Vorstandsmitglieder hat jemals, weder vorher noch nachher, ein Gespräch mit mir gesucht. Ich kann mir sinnvollere und erfüllendere Aktivitäten vorstellen als mich gegen Bogus-Vorwürfe und bizarre Schriftsätze zu wehren. Und ein Vorstand sollte sich auch mit anderen Dingen beschäftigen. Mit Politik zum Beispiel.

Dysfunktionale Fraktion

Die Landtagsfraktion in NRW wurde ebenfalls zunehmend dysfunktionaler. Die Stimmung in der Belegschaft war schlecht, Mitarbeiter begannen sich weg zu bewerben. Manch einer kündigte lieber, ohne überhaupt eine neue Stelle in Aussicht zu haben. Die Fraktionsmitglieder arbeiteten zunehmend nebeneinander her. Wenn sie überhaupt arbeiteten: Von einigen kamen praktisch keine politischen Initiativen. Über Probleme wurde nicht gesprochen, sie wurden ausgesessen. Jeder, der sie ansprach, musste mit einer typischen „tu cuoque“-Replik rechnen. Unangenehme Beschlüsse oder Pflichten wurden verschoben.

Mein Ex-Kollege Stefan Fricke ist als Conterganopfer auf einen elektrisch fahrenden Rollstuhl angewiesen. Als er an einer Ausschussfahrt des Landtages in die Türkei nicht teilnehmen konnte, da die Verwaltung keine Möglichkeit gefunden hatte, ihn zu transportieren und dafür zu sorgen, dass auf dem Weg genügend behindertengerechte Toiletten angesteuert werden können, hat er sich öffentlich über die Landtagsverwaltung beklagt und rechtliche Schritte angekündigt. Die Fraktionsführung, die vorher nicht informiert war, sah es als notwendig an, in einer Pressemitteilung die Landtagsverwaltung gegen den Kollegen in Schutz zu nehmen, und sich von ihm zu distanzieren, anstatt sein gerechtfertigtes Interesse an Partizipation in den Fokus zu stellen. Dieser Grad an Entsolidarisierung war schwer zu ertragen. Auch der interne sowie öffentliche Umgang der Fraktion mit Daniel Düngel war ausgesprochen unschön, als er wegen Finanzproblemen in den Fokus der Presse geraten war. Auch hier gelangten Informationen, die ausschließlich in einer fraktionsinternen Runde besprochen wurden, an die Öffentlichkeit. Birgit Rydlewski, die öfter sexistischen Anwürfen ausgesetzt war und aufgrund eines offenherzigen Tweets einmal von der Bildzeitung als „Sex-Piratin" bezeichnet worden war, stand in der Fraktion ebenfalls meist isoliert da.

In einem Anfall von „letzter Versuch" hatte ich im Vorjahr eine Gesamtfraktionsklausur beantragt, eine Klausur, in der alle Mitglieder und alle Angestellten zusammen an Problemen und Lösungen arbeiten sollten. Der Fraktionsvorstand kombinierte das mit der Beauftragung eines externen Beraters, der uns dabei helfen sollte. Die in diesen Runden erarbeiteten Ergebnisse blieben aber erst mal für über ein Jahr unter völligem Verschluss. Doch auch die Kosten, die für diese externe Beratung aufgewendet wurden, und die im hohen fünfstelligen Bereich lagen, wurden – ganz entgegengesetzt zu den Transparenzbedingungen der eigenen Finanzordnung – nie veröffentlicht. Auch eine Ausschreibung über die benötigten Dienstleistungen sowie eine Abstimmung in der Fraktion über die einzelnen konkreten Angebote hatte es nicht gegeben. Die Transparenz endete genau da, wo es für die Fraktion unangenehm wurde – diese Doppelstandards konnte ich nicht auf Dauer tolerieren.

Andere Beschlüsse wurden gar nicht erst umgesetzt: Die Fraktion beschloss, für einen Fraktionsangestellten, der krankheitsbedingt ausgefallen war, eine Vertretung temporär einzustellen. Das geschah einfach nicht. Und niemand hakte nach.

Der innenpolitische Sprecher und Polizeibeamte Dirk Schatz wurde durch die Fraktion als Stellvertreter von Birgit Rydlewski in den NSU-Untersuchungsausschuss entsendet. Das war ein Affront gegen die Opfergemeinschaften: Nachdem die Polizei jahrelang bei der Aufklärung des NSU-Terrors versagt hatte und stets in Richtung der Opfer ermittelt hatte, diese unter Verdacht stellte und Hinweise auf rechtsextreme Täter ignorierte, sollte nun ausgerechnet ein Polizist bei der parlamentarischen Aufklärung der Versäumnisse mitwirken. Dass diese Entscheidung für den Bock als Gärtner politisch ungeschickt und vollkommen unsensibel ist, erklärt sich eigentlich von selbst. Die Gemeinschaft der Anschlagsopfer des NSU-Bombenanschlages in der Kölner Keupstraße schickte eine schriftliche Beschwerde, die die Fraktion allerdings auch nicht beeindruckte. Hinzu kam noch, dass die Entscheidung für Dirk Schatz gegen den erklärten Willen des regulären Ausschussmitgliedes der Piraten Birgit Rydlewski getroffen wurde, die sich für den Kollegen Daniel Düngel ausgesprochen hatte. Diese Personalentscheidung war in erster Linie als Disziplinierung gegen Daniel Düngel und Birgit Rydlewski zu werten.

Problematisch war die Haltung der Fraktion zur Geschlechtergerechtigkeit. Einen „Girls Day“, den jährlichen Tag, der Mädchen sogenannte „typische Männerberufe“ nahebringen soll, wollte die Fraktion nicht ausrichten, als ich einen entsprechenden Antrag stellte. Mein Kollege Lukas Lamla begründete seine Ablehnung damit, dass er es Fraktionsangestellten nicht zumuten wolle, eine Gruppe „pubertierender Girlies" durch den Landtag zu führen.

Der Protokollantin der Fraktionssitzungen wurde per Fraktionsmehrheit in einem Umlaufbeschluss ausdrücklich untersagt, die Protokolle geschlechtergerecht zu führen, weil das schlechter lesbar sei als die Variante in überwiegend männlicher Form. Der Beschluss, zu veröffentlichen, wie sich die Gehälter von männlichen und weiblichen Fraktionsangestellten zueinander verhalten, um einen eventuellen Gender-Pay-Gap zu dokumentieren, wurde gar nicht erst umgesetzt: Diese Informationen erschienen nie. Als ich die Gehaltsdaten der Angestellten anfragte, um eine solche Untersuchung selbst durchzuführen, bekam ich gar keine Antwort, obwohl ich doch als Teil der Arbeitgeber sicher einen Anspruch darauf gehabt hätte. Ich beließ es um des lieben Friedens willen dabei; die Distanz zur Fraktion vergrößerte sich allerdings weiter.

Bei der Affäre um den Tweet der politisch nicht korrekten Beleidigung von Nazis hat die Fraktion keinerlei Kontakt mit mir aufgenommen, sondern die Aufmerksamkeit auf diese Angelegenheit noch dadurch erhöht, dass via Pressemitteilung und Blogpost eine Distanzierung von meiner Person verfasst und verbreitet wurde. Selbstredend wurde auch hier nicht auf die tatsächlichen Umstände meiner Aussage eingegangen.

Sprachlos blieb die Fraktion, als ein Mitarbeiter von Monika Pieper mich auf *Twitter* öffentlich aufforderte, die Fraktion zu verlassen. Das hatte weder arbeitsrechtliche Konsequenzen für diesen Mitarbeiter, noch erschien irgendeine Solidaritätsadresse der Fraktionsleitung oder der Fraktionsmitglieder. Dieses demonstrative Desinteresse war augenfällig. Ich war da nicht der einzige: Insgesamt waren es drei weitere Fraktionsangehörige, die mit ähnlicher Behandlung und Ausgrenzung rechnen mussten, auch wenn diese persönlich damit vielleicht entspannter umgehen konnten als ich, ich konnte das nicht.

Offenbar hatte ich den Status eines Störers erreicht, dem man eine Lektion erteilen musste: Zu einer auswärtigen Fraktionssitzung in Berlin hatten alle anderen anwesenden Fraktionsmitglieder Hotelzimmer gebucht und Eintrittskarten für eine zugehörige Veranstaltung bestellt bekommen. Ich war die einzige Person, die keine Erstattung von Hotel und Eintrittskarte erhalten sollte. Der politische Geschäftsführer Marc Olejak begründete das der Fraktion gegenüber mit Stornokosten, die wegen mir angefallen seien – eine Aussage, die sich noch in derselben Fraktionssitzung als unwahr herausstellte. Damit war mein Vertrauen zur Fraktionsführung letztlich endgültig zerstört. Es dauerte Monate und bedurfte eines mühsam errungenen Fraktionsbeschlusses, bis ich überhaupt zumindest einen Teil der Erstattung erhielt.

In der täglichen Presseberichterstattung der Fraktionspresse wurden Zeitungsartikel, in denen ich erwähnt wurde, nicht mehr gelistet. Schließlich begann man, aktiv meine Autorenschaft in Anträgen zu tilgen: In mehreren Fällen wurde von Anträgen, die mit meiner Mitwirkung entstanden, vor der Einreichung in die Parlamentsverwaltung meine Unterschrift zuvor gelöscht. Andere Anträge, die in meinen Bereich gefallen wären, wurden heimlich an mir vorbei eingereicht, damit ich nicht mitwirken konnte. Dieser Grad an Ausgrenzung innerhalb der Fraktion wurde mir dann zuviel.

Bei allen politischen Differenzen gab es an meiner Arbeit nie etwas auszusetzen: Etwa ein Viertel aller Anträge oder Anfragen, die die Piratenfraktion im Landtag gestellt hatte, waren ganz oder teilweise auf meine Arbeit zurückzuführen. Meinungsunterschiede durch Formalien auszuleben war ein derartig schlechter Stil, dem ich mich nicht mehr länger aussetzen konnte.

In meiner Vorstellungsrede 2012, wo ich mich für den Listenplatz der NRW-Piraten bewarb, habe ich eine Idee einer politischen Agenda vorgestellt, die ich im Landtag vertreten wollte. Neben Netz- und Medienpolitik waren das auch Themen aus der Innenpolitik: Die identifizierende Kennzeichnung von Polizisten im Einsatz und die Kontrolle und Begrenzung des Einsatzes von Pfefferspray. Durch meine Zuständigkeit als Wirtschafts-, Netz- und Medienpolitiker in der Fraktion hatte ich auf die Innenpolitik der Piratenfraktion keinen unmittelbaren Einfluss. Ich habe dennoch versucht, diese Themen voranzutreiben, und oft genug in „Überschreitung meiner Kompetenzen" Innenpolitik gemacht, als es beispielsweise um Drohnen in NRW ging. Nach meinem Empfinden war die Fraktion hier schwach und die beiden Fachabgeordneten Frank Herrmann und Dirk Schatz oft zu zögerlich.

Ich konnte beispielsweise nicht nachvollziehen, dass es von Piratenseite keinerlei Anträge zur Verpflichtung zur Kennzeichnung von Polizisten im Einsatz gab. Dirk Schatz als innenpolitischer Sprecher, der selbst Polizeibeamter ist, hat hier keine Initiativen entwickelt oder eingereicht, obgleich das Teil des Piratenprogrammes war. Dabei hatten SPD und Grüne diese Pflicht als beabsichtigtes Vorhaben in ihrem Koalitionsvertrag niedergelegt: Das war eine perfekte Vorlage, eine offene Flanke. Wir hätten ein großes Rad drehen können und eine klare Abgrenzung zu den Grünen hergestellt. Nur gegen Widerstand inerhalb der Fraktion gelang es, nach den schädlichen Auswirkungen von Pfefferspray sowie nach Statistiken seines Einsatzes überhaupt zu fragen. Ebenfalls hätten Piraten konsequenterweise die Auflösung des Verfassungsschutzes in NRW fordern sollen, nachdem parteiseitig entsprechende Beschlüsse vorlagen. Auch diesbezüglich geschah nichts.

Ich musste mir selbst die Frage stellen und beantworten, ob die Mitgliedschaft in dieser Fraktion unter diesen Umständen überhaupt gut ist, oder ob sie nicht vielmehr sogar den politischen Zielen abträglich ist, die ich gerne vertreten hätte, und die ich auf der Aufstellungsversammlung der Piraten für die Landtagswahl in Nordrhein-Westfalen 2012 angesprochen habe. Von meiner Selbstachtung ganz zu schweigen. Menschlich war dieser Umgang schon lange unerträglich.

Schwammintelligenz

Interessanterweise konnte man 2014 und 2015 eine weitere Partei bei ihrem rasanten Aufstieg und innerparteilichen Querelen bis hin zur Spaltung beobachten: Die „Alternative für Deutschland", AfD. Nachdem sie wie die Piraten in mehrere Landtage eingezogen war und bei der Bundestagswahl nur knapp an der 5%-Hürde scheiterte, wurden insbesondere innerparteiliche Misstöne öffentlich: Es wurde über Protagonisten berichtet, die sich in aller Öffentlichkeit bekämpften, und ein Richtungs- und Führungsstreit wurde offenbar, der schließlich zur Spaltung dieser Partei führte. In den Umfragewerten wurde das zeitweise mit einem heftigen Absturz an Popularität quittiert, bis die Debatte um geflüchtete Menschen den Rechtspopulisten wieder Auftrieb gab.

Auch wenn die AfD und die Piraten von ihren inhaltlichen Zielen und ihrer Ausrichtung nicht zu vergleichen sind, sind die Parallelen der Entwicklung augenfällig: Beide Parteien setzten auf Basisbeteiligung und Partizipation durch soziale Medien. Der Zutritt durch Mitglieder von Rechtsaußen wurde nicht begrenzt, in der stürmischen Wachstumsphase war auch die AfD Ziel diverser Parteihopper, die in dieser Partei eine Chance auf persönliche

Karriere und Verfolgen der von ihnen präferierten politischen Ziele sahen. Es gab nie eine Strategie, unterschiedliche Meinungen zu integrieren, etwa durch Formalisierung von Flügeln oder Quotierung. Die Parteitage standen allen Mitgliedern offen, ein Delegiertensystem gab es nicht, was dazu führte, dass die Gruppe, die die höchste Mobilisierung produzieren konnte, in der Führungsabstimmung letztlich durchmarschierte: Bei der AfD waren es rechtsnationale Kräfte, die sich durch ihre Vernetzung und ihre Erfahrung in der Organisation solcher Gruppen hier gegenüber den „Eurokritikern" klar im Vorteil befanden. Dass sich die Anwesenheit auf Parteitagen wie so oft nur eine Zeit- und Geldelite leisten kann, traf auf beide Parteien zu. Selbst eine dem Piraten-Orgastreik ähnliche Aktion zur Stilllegung von IT-Infrastruktur und die Distanzierung durch Landesvorstände von einzelnen Personen des Bundesvorstands wurden von der AfD wiederholt.

Auch die sozialen Medien spielten beim Aufstieg und der Schlagseite beider Parteien eine vergleichbare Rolle: Halfen sie zunächst, trotz der geringen Ausbreitung und des niedrigen Organisationsgrades die Sichtbarkeit der Parteien in der Öffentlichkeit erheblich zu erhöhen und letztlich eine größere Relevanz und Bedeutsamkeit erscheinen zu lassen, als den reinen Mitgliederzahlen und der Wirksamkeit angemessen gewesen wäre, wurden sie später intensiv als Instrument innerparteilicher Auseinandersetzung genutzt, da hierüber die eigenen Anhänger am leichtesten erreicht werden konnten – damit aber fand jeder Streit vor den Augen der Öffentlichkeit statt.

Zeichen dafür, dass die Piraten 2015 politische Beliebigkeit erreicht hatten, waren die Angebote an den abgespaltenen „eurokritischen" Teil der AfD um Bernd Lucke, die von manchen Partei- und Vorstandsmitgliedern der Piratenpartei abgegeben wurden, obgleich es vor einigen Jahren noch einen Nichtvereinbarkeitsbeschluss mit der AfD gegeben hatte.

Die Medien haben sich sowohl bei Piraten als auch bei der AfD lustvoll auf die öffentliche Selbstdemontage gestürzt, es war auch zu reizvoll. Doch kann unter diesen Umständen die Gründung einer neuen Partei, die sich von Anfang an ganz selbstverständlich im Internet, in den sozialen Medien bewegen möchte, überhaupt erfolgreich sein?

Das führt unmittelbar zu den Fragen von „Post-Privacy“. Der Kontrollverlust über unsere Privatsphäre durch die Teilhabe an sozialen Medien macht jede bislang private Handlung öffentlich, sobald sie in diesem digitalen Raum stattfindet oder dort dokumentiert ist. Man kann nicht mehr kontrollieren, wer daran teilhat. Und die leistungsfähigen Suchmaschinen sowie die automatische Verschlagwortung durch die benutzten Systeme machen es Interessierten einfach, aus der Kakophonie der Meinungsäußerungen diejenigen herauszufiltern, die einer eigenen intendierten Betrachtungsweise entsprechen. So kann man gewissermaßen ein Data Mining für Ansichten und Haltungen betreiben. Wir sind noch nicht weit genug, die tatsächliche Relevanz solcher gezielt gefilterten Informationen solide zu bewerten. Wir sind noch nicht weit genug, der Verlockung zu widerstehen, das Brennglas auf die einzelnen Ameisen in dem sozialen Medien-Haufen zu richten. Gleichzeitig fehlen Bewusstsein und Instrumente, nicht Teil dieses Haufens zu werden, wenn man nicht gleich ganz auf diese digitale Sphäre des Lebens verzichten will.

Piraten haben ihre Hoffnungen in die Intelligenz dieses Schwarms gesetzt. Sie dachten, weil das Ganze mehr als die Summe seiner Teile ist, muss auch eine soziale Gruppe die Intelligenz ihrer Teilnehmer subsummieren und idealerweise übertreffen.

Marina Weisband beschrieb ihre Vorstellung von Schwarmintelligenz einmal dadurch, dass sie einfach ihre Followerschaft bei *Twitter* befragen könne, wenn sie etwas wissen will – irgendjemand würde dann schon die richtige Antwort liefern. Bei *Twitter* ist dieses Phänomen mit dem Hashtag #Followerpower gekennzeichnet: Ein mächtiges Instrument, mit dem man undifferenziert in die Runde fragen kann, um möglichst qualifizierte Antworten zu erhalten.

Doch das hat im Grunde nichts mit einer Intelligenz des Schwarms zu tun: Es ist vielmehr die Intelligenz der Einzelnen und die enorme Effizienz des Netzes, jeden mit jedem verbinden zu können, welche für diese Möglichkeit sorgen. Je besser die Vernetzung ist, desto größer ist die Wahrscheinlichkeit, über dieses Netz erfolgreich jemanden zu finden, der über eine spezielle Kenntnis, eine spezielle Fertigkeit verfügt, nach der am anderen Ende des Netzes gerade gefragt wird.

Was bei Vögel- oder Fischschwärmen oft so elegant und harmonisch aussieht, etwa wenn sich die Tiere wie von Geisterhand koordiniert von Feinden wegbewegen oder auf Nahrungsquellen zusteuern, ist ein ganz simples Prinzip: Jeder Schwarmangehörige beobachtet das Verhalten seiner unmittelbaren Nachbarn und passt sich ihm an. Entdeckt eine gewisse, kritische Anzahl einzelner Mitglieder des Schwarms einen auswärtigen Reiz und reagiert auf ihn, setzt eine Welle von Nachahmeffekten ein, die den ganzen Schwarm erfasst, selbst wenn der Reiz auf den Rest des Schwarms gar nicht direkt eingewirkt hat. Das Verhalten ist für die Gruppe sinnvoll, denn es sorgt für eine koordinierte Flucht oder es bringt einen gemeinsamen Vorteil. Ein rationales Urteil darf man von diesem Mechanismus aber nicht erwarten.

Im Internet kursierte vor einiger Zeit ein Video, bei dem mehrere etwa dreijährige Jungs aus einem Zelt herausliefen, welches man für sie zum Spielen im Garten aufgebaut hatte. Der Ausgang des Zeltes, durch das die Kinder herauskamen, war aus Stabilitätsgründen unten mit einer Stoffkante abgeschlossen. Und einer nach dem anderen stolperte über diese Stoffkante und legte sich lang ins Gras vor den Ausgang hin. Nur der letzte kleine Junge registrierte die Kante rechtzeitig, und überstieg das Hindernis. Nichtsdestotrotz warf er sich – so wie alle anderen vor ihm herauskommenden Kinder das vorgemacht hatten – unmittelbar vor dem Ausgang in das Gras. Ohne dass er den Grund für das Verhalten der Jungs vor ihm kannte, und ohne dass dieser Grund auch für ihn selbst Gültigkeit gehabt hätte, hatte er sich diesem Verhalten durch Beobachtung seiner Freunde angepasst. Aus dem zufälligen Stolpern seiner Vorgänger war ein Ritual geworden.

Als Dunning-Kruger-Effekt wird die Neigung der Menschen bezeichnet, ihre eigenen Fähigkeiten und Kenntnisse zu überschätzen und die der anderen zu unterschätzen. So bezeichnet sich in Umfragen die Mehrheit aller Befragten als bessere Autofahrer als der Rest, was bereits rein statistisch gesehen nicht stimmen kann. In einer Gruppe nimmt die Leistung der Gruppenmitglieder nachweisbar sogar ab – TEAM steht als Abkürzung für „Toll, Ein Anderer Macht's“, sagt man scherzhaft. Konformitätseffekte von Gruppen sind in der Psychologie ein gut erforschtes Phänomen. In einer vollkommen hierarchiefreien Gruppe diffundiert die Verantwortung: Vorher nimmt niemand die Verantwortung auf, nachher war niemand schuld. All diese gruppendynamischen Prozesse sind in den Gruppen der sozialen Medien, die man als Schwarm bezeichnet, in derselben Form in Kraft. Bis hin zum „Moral Hazard“-Effekt, der zu lebensgefährlichem bösartigem Mobbing und zur Ausgrenzung Einzelner führen kann, wenn einmal jemand damit begonnen hat.

Schwärme in sozialen Medien haben Fisch- oder Vogelschwärmen noch etwas voraus: Sie können viel intensiver vernetzt sein. Beeinflussen sich im Tierschwarm nur die unmittelbaren Nachbarn, kann das in einem sozialen Netz sehr viel komplexer verstrickt sein. Es entsteht ein stark rückgekoppeltes, dynamisches System.

Bei komplex-dynamischen Systemen gibt es eine als „Schmetterlingseffekt" bekannte Wirkung. Das weltweite Klima, welches ebenfalls ein komplex-dynamisches, intensiv rückgekoppeltes System ist, ist so stark vernetzt, dass, so sagt man, der Flügelschlag eines Schmetterlings am Amazonas letztlich einen Tornado in Nordamerika auslösen kann. Geringste, praktisch nicht messbare Abweichungen in einzelnen Parametern können später katastrophale, unvorhersehbare Veränderungen im Zustand des Gesamtsystems bewirken. Die Theorie dieser nichtlinearen, komplex-dynamischen Systeme wird daher auch als „Chaostheorie" bezeichnet. Solche Systeme weisen sich dadurch aus, dass sie in stabile Zustände übergehen können, erratisch zwischen unterschiedlichen Zuständen wechseln, oder gar in Richtung eines Extrems umkippen können, eines sogenannten Attraktors, und dann beispielsweise völlig zusammenbrechen. Solches Verhalten ist weder rational noch vorhersehbar: Es mag kreativ und überraschend, in seinem Chaos sogar bewusst wirken oder anrührend sein. Es ist jedoch weder rational noch intelligent.

Alles wie immer

Und die Piratenpartei? Der Bundesparteitag 2015.1, der Ende Juli 2015 in Würzburg stattfand, hat mich persönlich davon überzeugt, dass keine Besserung zu erwarten ist. Er ist wieder einmal als Vorstandswahl angesetzt gewesen,

Positionspapiere wurden allenfalls in den Auszählpausen behandelt. Es wurde der alte Vorstand im Wesentlichen wiedergewählt: Den Vorsitz erhielt Stefan Körner für eine zweite Amtszeit, Schatzmeister wurde erneut Stefan Bartels und Generalsekretärin wieder Stephanie Schmiedke, die durch ihren vorzeitigen Rücktritt 2014 den außerordentlichen Parteitag in Halle im Jahr zuvor erzwungen hatten. Als politischer Geschäftsführer wurde Kristos Thingilouthis wiedergewählt, der seine Reden gerne mit Kraftausdrücken würzt, weil er das vermutlich für Leidenschaftlichkeit hält – in einer „politischen" Rede hatte er aufgefordert, den Mittelfinger (er benutzte ein anderes Wort dafür, welches ich hier nicht wiedergeben möchte) in Angela Merkels Raute zu stecken. Auch der Vizevorsitzende Carsten Sawosch erhielt für eine weitere Amtszeit die Unterstützung des Parteitages. Alle bekamen jeweils etwa drei Viertel der Stimmen aller wahlberechtigten Parteitagsteilnehmer.

Mitgeholfen hat womöglich der Veranstaltungsort in Bayern, sowie der Veranstaltungstermin des Parteitages im Sommer während der Schulferien aller Bundesländer – mit Ausnahme eben von Bayern und Baden-Württemberg, wo die Schulferien erst eine Woche nach der Tagung begannen. So waren dann 133 Mitglieder aus Bayern akkreditiert – bei insgesamt 503 Anwesenden. Aus Berlin waren nur 33 Piraten da, aus Bremen beispielsweise nur einer.

Der Parteitag war wie der zugehörige *Twitter*-Hashtag teils angefüllt mit Kriegsrhetorik und Feindbildern; offenbar hielten viele Piraten es für erforderlich, über externe Feindbilder den internen Zusammenhalt zu befördern. Auch das allseits beliebte „Kandidatengrillen" fand wieder statt, welches sich allerdings auf die neu Kandidierenden konzentrierte: In feinster McCarthy-Tradition wurde mancher als links verdächtigte Kandidat gefragt, wie er zu „Bomber Harris" stehen würde.

Gastredner waren im Geräuschpegel des Parteitages praktisch nicht zu vernehmen. Später diskutierte man in völliger Verkennung der Lage der Partei darüber, wie man Wiedereintritte zuvor ausgetretener Piraten erschweren könne.

Ein besonderer Tiefschlag war das Abstimmungsergebnis eines Positionspapieres, das sich gegen jeden Antisemitismus sowie Antizionismus richtete. Dieses war angelehnt an einen der Anträge, den ich in der Antragsgruppe zur politischen Positionierung eingereicht hatte, welche ich „piratlinksliberal" nannte. Der Antragsteller hatte es gewagt, sich in der Positionierung gegen jeden Antisemitismus, jedoch auch gegen Antizionismus zu wenden, wenn dieser das Existenzrecht Israels aberkennt oder Israel in die Nähe von Nazi-Deutschland rückt. Dieser Antrag erhielt nicht einmal eine absolute Mehrheit auf dem Parteitag – mehr Abstimmende waren dagegen oder enthielten sich. Er galt nur deswegen als angenommen, weil er etwas mehr Ja- als Nein-Stimmen bekam, also die einfache Mehrheit erreichte. Als Begründung wurde beispielsweise die Gegnerschaft zu israelischer Politik angeführt. Offenbar war es nahezu der Hälfte der Abstimmenden wichtig, bei Israelkritik nicht auf Vergleiche mit Nazi-Deutschland verzichten zu müssen. Ich finde das ein absolut beschämendes, demotivierendes Ergebnis.

Anschließend beschäftigte man sich mit der Schiedsgerichtsordnung, und ob Schiedsrichter in einer Liebesbeziehung mit einem Mitglied des Vorstandes sein dürfen. Das Bundesschiedsgericht galt – je nach Blickwinkel – als letzte Bastion innerparteilicher Vernunft, oder als letzter Winkel linksradikaler Chaoten, den es zu säubern galt. Im Vorfeld der Neuwahlen hatte eine Schmutzkampagne gegen Mitglieder des Bundesschiedsgerichtes eingesetzt, und die Liste an Kandidaten für das Schiedsgericht war die längste Kandidatenliste der gesamten Wahl. Die bisherigen Richter hatten angesichts dieses Schmutz-Dauerfeuers fast vollzählig auf eine erneute Kandidatur verzichtet, der Vorsitzende Richter Markus Gerstel war am Tag vor der Wahl nach Erledigung seiner letzten Amtspflichten gleich ganz aus der Piratenpartei ausgetreten. Im Tätigkeitsbericht des scheidenden Bundesschiedsgerichtes konnte man nachlesen, dass die Kooperation mit dem Bundesvorstand zuvor offenbar nicht sehr zufriedenstellend funktioniert hatte. Der Bundesparteitag quittierte das damit, den größten der Schmutzwerfer, der sich zuvor in seinem Blog über die vermeintlichen Verfehlungen des Gerichts ausgebreitet hatte, in das neue Bundesschiedsgericht zu wählen.

Mit diesem Parteitag in Würzburg setzte die Piratenpartei ihre Rückschritte fort. Etwa drei Viertel der Abstimmenden wählte einen offensichtlich politikunwilligen Vorstand wieder, belohnte Mobber mit Ämtern und beschäftigte sich ansonsten weiter mit sich selbst. Die Parteisimulation lief ungehemmt weiter. Für mich war das das Signal, welches mir die letzten Zweifel nahm: Ich muss hier raus.

Am 23. Oktober 2015 erklärte ich schließlich meinen Austritt aus der Piratenpartei und der Piratenfraktion.

2016

Manchmal, besonders im Frühjahr und im Herbst, kühlt es in der Nacht deutlich ab und man erwacht im dichten Nebel. Oben auf dem Berg hat man dann das Glück, als erster aus den Wolken zu tauchen: Oberhalb ist blauer Himmel und der schönste Sonnenschein. Man fühlt sich dann wie auf einer Insel im Wolkenmeer, rings herum fließt der Nebel wie Wasser durch die Täler.

Nach und nach tauchen die anderen Bergspitzen auf, man sieht gegenüber das historische Dörfchen Montone auf den Wolken thronen, seine mittelalterliche Stadtmauer am Bergkamm wie eine Kaimauer an der Küste. Seitlich erscheint der kahle Gipfel des Monte Corona mit der unausweichlichen Radiostation, die hier jeden höheren Berg schmückt. Kurz vor der Mittagszeit, wenn es wieder wärmer wird, löst sich der Nebel nach und nach auf, das Wattemeer verschwindet. Dann ist der Zauber vorbei.

Einzelkämpfer

Was schon 2015 begann, setzte sich 2016 auf drastische Weise fort: Eine große Zahl von Menschen verließ ihre Heimat in den Kriegs- und Krisengebieten des nahen Ostens und Nordafrikas und machte sich auf den Weg in eine bessere Zukunft, nach Europa. Die Europäische Union zeigte sich unvorbereitet und uneins, nach und nach fiel die Solidarität unter den Ländern auseinander, und die Schlagbäume zwischen den Staaten wurden gesenkt, auch an Europas Außengrenzen wurden neue Zäune errichtet. Nachdem 2015 bereits rund eine Millionen Menschen Deutschland erreicht hatten, dominierte das Thema die öffentliche Wahrnehmung.

Im Landtag machte ich so weiter wie bisher, nur eben ohne Partei und ohne Fraktion. Der Unterschied in der politischen Arbeit war letztlich gering, da es in der Fraktion sowieso keinen Zusammenhalt mehr gab – lediglich die Zusammenarbeit mit den Fachreferenten musste ich missen. Dagegen konnte ich mein politisches Betätigungsfeld jetzt auf sämtliche Bereiche erweitern, die mir am Herzen lagen und wo die Piraten sprachlos blieben.

Die meisten parlamentarischen Instrumente stehen mir auch als Einzelabgeordnetem zur Verfügung, ich kann politische Anträge und Kleine Anfragen einreichen, darf im Plenum sprechen – wenn auch nur zu zwei Tagesordnungspunkten eines Plenartages, und nur jeweils drei Minuten lang – und ich darf an einem Ausschuss als beratendes Mitglied teilnehmen, allerdings ohne Stimmrecht. Von den mir zur Verfügung stehenden Instrumenten machte ich dann wie gewohnt Gebrauch.

Im Plenarsaal wurde ich in die letzte Reihe an den Rand der Piratenfraktion verbannt, und musste ab jetzt ohne Applaus am Ende meiner Reden auskommen – auch meine ehemalige Fraktion hielt sich an den ungeschriebenen Kodex, nur Rednern der eigenen Fraktion zu applaudieren. Doch merkte ich, dass quer durch alle Fraktionen zahlreiche Abgeordnete zuhörten, wenn ich sprach. Auch die Presseresonanz auf Aktionen und Anträge von mir war nicht so spärlich, wie ich befürchtet hatte.

Natürlich wurden – wie zuvor – alle politischen Initiativen in den Ausschüssen und im Plenum abgelehnt, teils mit der Regierungsmehrheit unter freundlicher Enthaltung der Opposition, teils aber auch einstimmig. Auch die Piraten griffen bei Ablehnungen zu den altbewährten Begründungsmustern: Der Antrag sei zu spät oder zu früh, oder obsolet, weil die Regierung entsprechende Maßnahmen angeblich schon eingeleitet habe.

Es bleibt dabei: Parlamentarische Arbeit als Teil der politischen Arbeit ist wichtig, auch in der Opposition, und sie ist keineswegs vergebliche Liebesmüh. Natürlich bedeutet Politik das Bohren dickster Bretter, und als Einzelkämpfer braucht man noch mehr Beharrungsvermögen und Ausdauer dafür. Doch war meine Besorgnis, als fraktionsloser Abgeordneter im Parlament wirkungslos zu sein, nicht begründet: So viel Wirkung wie als Teil der Piratenfraktion hatte ich allemal.

Aufbruch in Fahrtrichtung Links

Die Zeit der Piraten-Legislaturperioden in den Landtagen neigt sich langsam dem Ende zu. Als Erstes wird es die Berliner Landtagsfraktion treffen: Bereits in diesem Jahr wird neu gewählt.

Die Piratenpartei war bei Umfragen auf Bundesebene und für die Landtage inzwischen in den Prozentbereich angelangt und konnte meist gar nicht mehr separat ausgewiesen werden. In Berlin waren die Umfragewerte lange Zeit noch gespalten: Bei der Sonntagsfrage zum Bundestag waren Piraten bei den befragten Berlinern nicht messbar, während die Partei bei den Umfragen für das Abgeordnetenhaus noch lange bei um die vier Prozent stand. Die Wähler quittierten offensichtlich die substantielle Arbeit der Fraktion im Landtag und differenzierten sie positiv vom desolaten Bild der Bundespartei.

Mittlerweile war auch der Berliner Fraktionschef Martin Delius entnervt aus der Partei ausgetreten, mit ihm war rund die Hälfte der Abgeordneten der Piratenfraktion dort bereits parteilos.

Kurz vor der Aufstellungsversammlung, in der die Piratenpartei Berlin ihre Listenkandidaten für die kommende Abgeordnetenhauswahl bestimmen wollte, lud Martin Delius gemeinsam mit Klaus Lederer, dem Landessprecher der Berliner LINKEN, zu einer Pressekonferenz ein. Auf dieser wurde ein offener Brief von insgesamt 35 Ex-Piraten vorgestellt, die verkündeten, von nun an die LINKE im Berliner Wahlkampf unterstützen zu wollen. Waren es zwar überwiegend Berliner, so gab es doch auch einige Unterzeichner aus dem restlichen Bundesgebiet, ich gehörte ebenfalls dazu.

Unter der Überschrift „Aufbruch in Fahrtrichtung Links“ beschrieben die Unterzeichnenden ihre Motivation, sich als ehemalige Funktions- und Mandatsträger der Piratenpartei ab jetzt für die LINKE ins Zeug legen zu wollen. So ist es gerade die Digitalisierung und die weiter zusammenwachsende, globalisierte Welt, die unsere Gesellschaft vor ganz neue Herausforderungen stellt, für die es neuer Antworten bedarf. Die Piratenpartei ist, so stellten wir in diesem Brief fest, dafür keine Hilfe mehr.

Doch nichts zu tun ist auch keine Lösung, Wir schrieben:

> *„In einem Klima des Filzes und der Handlungsunfähigkeit empfinden wir es als Pflicht, politisch aktiv zu bleiben und zu werden und rufen dazu auf, sich mehr und nicht weniger in demokratische Prozesse und Diskurse einzubringen.“*

Dem erstarkenden Rechtspopulismus, dem Fremdenhass, der bis in die „Mitte“ unserer Gesellschaft reicht, müssen wir eine neue gesellschaftliche Mehrheit entgegensetzen, und die kann es nur links der Mitte geben. Wir brauchen eine neue, linke Diskurshoheit als Gegengewicht, und darin können die ehemaligen Piraten eine verbindende Rolle spielen. Da freut es besonders, dass sich ehemalige Piraten nun bei den LINKEN, den Grünen, den Jusos in der SPD oder sogar in der FDP wiederfinden: Sie könnten dieses verbindende Element einer linken Mehrheit spielen. Wenn sie denn wollen.

Auch Netzpolitik kann nur eine soziale, eine solidarische, linke Politik sein. Der Übermacht internationaler Konzerne, die faktische Normen im Netz setzen, stehen handlungsunfähige Nationalstaaten mit ihrem jeweils nur national wirksamen Recht und technologisch sichtlich überforderte Politiker gegenüber. Hier braucht es dringend ein Gegengewicht durch die Politik, um Netze, Daten und Anwendungen zurück in die Hand der Nutzer zu bringen, das erwarte ich von einer modernen Linken. Für mich heißt das in dieser Konsequenz auch, ein Teil dieser Linken zu werden, und innerhalb dieser Bewegung an einer linken Netzpolitik und einer neuen linken Diskursmehrheit zu arbeiten. Wenn dieses Buch in Druck geht, werde ich der LINKEN beigetreten sein.

Was bleibt

Die Abrechnung mit der Piratenpartei in diesem Buch fällt sicher hart aus. Das hat eine zentrale Ursache: Die Ideen, die Ideale, für die die Piraten standen, mit denen sie gestartet sind, wurden aus meiner Sicht verraten. Und was mich besonders erschreckt in der Rückschau, ist der Grund dieses Verrates: Es gibt keinen. Es gab nichts zu gewinnen. Es wurden keine Bestechungsgelder gezahlt. Es gab keine Titel, keine Positionen, keine Gehälter zu verteilen, zumindest keine nennenswerten. Es gab keine Macht zu gewinnen, zumindest keine wirksame. Auch an Verschwörungstheorien, die Piraten seien gezielt zerstört worden, bevor sie zur realen Gefahr für politische Entscheider werden konnten, kann ich nicht glauben. Ich kann die Motivation nicht verstehen, die innerhalb der Piraten um sich griff, andere Menschen auszugrenzen. Es gab doch noch nicht mal etwas zu gewinnen (nicht, dass ein solches Verhalten dann entschuldbar gewesen wäre), und es war noch nicht einmal eine Vorstellung davon vorhanden, was man denn dann nach Erlangung dieser „Macht" konkret damit anders machen will. Geeint waren die Piraten zuletzt nur noch in dem, was sie nicht wollten. Das aber ist weder eine Zukunftsperspektive noch die Idee einer besseren Gesellschaft.

Doch wenn ich so hart urteile, erstreckt sich das nicht auf die ganze Partei, und vor allen Dingen nicht auf alle beteiligten Personen. Rückblickend ist es der meines Erachtens wichtigste Effekt der Piratenpartei, eine Generation von Menschen politisiert und aktiviert zu haben. Und so habe ich in der Piratenpartei eine Reihe engagierter, couragierter und inspirierender Menschen kennengelernt. Viele davon hätten vermutlich keine Politik gemacht, wenn es die Piraten nicht gegeben hätte. Zwar haben viele die Partei bereits wieder verlassen, sind aber oft in anderen Zusammenhängen weiter aktiv: In Nichtregierungsorganisationen und Bürgerrechtsgesellschaften, aber auch in anderen politischen Parteien oder sozialen Verbänden. Ohne die Piraten wären sie vielleicht nicht dort.

Ebenso gibt es auf kommunaler Ebene Piraten, die innerhalb und außerhalb von Stadträten oder Kreistagen eine engagierte Politik machen – auch wenn das mit der Organisation und Struktur der Piratenpartei nicht allzu viel mehr zu tun hat, so wären sie doch vermutlich sonst nie in diese Lage gekommen, an dieser Stelle Politik zu gestalten und wirksam zu werden.

Auch die Berliner Abgeordnetenfraktion machte in großen Teilen eine hervorragende Arbeit. Allen voran Fraktionschef Martin Delius: Er schaffte es, eine Politik losgelöst von der innerparteilichen Zerfleischung und Selbstbeschäftigung zu machen, die auch von anderen Parteien anerkannt wird, und seine Fraktion aus Piraten und Nicht-Mehr-Piraten zusammenzuhalten, das bewundere ich. In Nordrhein-Westfalen hat das nicht geklappt.

Ein besonderes politisches Talent ist unsere Europaabgeordnete Julia Reda. Praktisch ohne strukturelle Unterstützung aus der Piratenpartei macht sie die Piraten-Kernpolitik im Europäischen Parlament, wo sie innerhalb der wenigen Jahre, die sie jetzt da ist, bereits wichtige politische Prozesse angestoßen hat. Die europäische Urheberrechtsdebatte lebt von ihrer Arbeit. Sie hat erhebliches Ansehen gewonnen und ist mit Piraten international vernetzt. Sie ist sicher die erfolgreichste Piratin überhaupt.

Auch innerhalb meiner Fraktion habe ich mit einigen Menschen sehr gerne zusammengearbeitet. All diese genannten und ungenannten Personen möchte ich ganz ausdrücklich von meiner Generalabrechnung, von meiner Grundsatzkritik ausnehmen. An ihnen hat es nicht gelegen, ganz im Gegenteil, es war lange meine Hoffnung, dass ihre Art der Arbeit und ihre Integrität auf die Partei abfärben würden.

Ich musste für mich die Entscheidung treffen, ob ich meine politischen Vorstellungen innerhalb oder außerhalb der Piratenpartei besser vertreten kann. Diese Entscheidung fällt für jeden Menschen in der Partei grundsätzlich anders aus: Das ist nicht falsch, und das möchte ich auf keinen Fall verurteilt wissen. Mir macht meine parlamentarische Arbeit Spaß, ich mache sie gerne. Der Grad an Gestaltungsfreiheit, an Selbstwirksamkeit, an Möglichkeiten, die diese Funktion bietet, ist sehr groß. Ich bin dankbar dafür, durch die Piraten an genau diese Stelle gelangt zu sein. Ich möchte das gerne weitermachen, ich habe aber innerhalb der Piratenpartei dafür keine Perspektive mehr gesehen. Und für die Partei als Ganzes sehe ich ebenfalls keine Perspektive.

Der Parteienforscher Karl-Rudolf Korte von der Universität Duisburg-Essen meinte kürzlich in einem Interview, die Piraten seien noch nicht gänzlich abzuschreiben: Transparenz, Privatheit, Internet – das beschäftige die Gesellschaft doch sehr. Er sagte: *"Diese Partei ist für diese Themen nicht nur legitimiert, sondern hat auch den Sachverstand dafür. Das muss sie nun über ein, zwei sichtbare Personen klug bündeln und dann kann sie noch einmal versuchen, anzugreifen."* Der Sachverstand war tatsächlich da – vielleicht ist es jetzt unsere Aufgabe, diesen Sachverstand auch in andere Parteien, in andere gesellschaftliche Zusammenhänge zu bringen, auf dass er sich eben organisch verbreite. Ich habe mich bemüht, über Gastbeiträge und Kommentare – vom *Handelsblatt* bis zum *Neues Deutschland* – diese Positionen zu vertreten und zu verbreiten. Mich macht es traurig, zu sehen, dass diese ein, zwei Personen, über die diese Bündelung geschehen könnte, in der Piratenpartei schlicht nicht mehr zu finden sind. Und dass auch niemand eine Chance hätte, einen solchen Platz einzunehmen.

Als ich das Angebot erhielt, auf dem Bundesparteitag der LINKEN 2015 in Bielefeld ein Grußwort zu sprechen, habe ich die Gelegenheit gerne genutzt, um auf die Bedeutung der Netzpolitik für die Gesellschaft hinzuweisen. Auch am Zukunftskongress der LINKEN in Berlin habe ich teilgenommen. Die LINKE darf ruhig ein wenig digitaler werden – gute Ideen sind schließlich dazu da, kopiert zu werden. Die ursprünglichen Ziele und Ideale, für die die Piratenpartei einmal stand, sind nach wie vor richtig – es braucht nur eben auch Werte und Struktur. Wenn sich ein „Hauch Orange“ in das Rot zieht, kann das nur gut sein.

Lehren aus dem gescheiterten Experiment

Die „Open Mind“ ist eine Vortrags- und Diskussionsveranstaltungsreihe der Piraten. Auch sie findet in der Kasseler Jugendherberge statt, üblicherweise im Spätsommer. Sie versteht sich als ein Think-Tank, der über das Tagesgeschäft und die Verwaltungsorientierung der Piratenpartei hinausgehen soll. Natürlich war auch die Open Mind durch ihre progressiven Themen und ihre überwiegend genauso progressiven Besucher den „sozialliberalen“ Piraten ein Dorn im Auge. Im Jahre 2015 hat die Jugendorganisation der Piratenpartei, die „Jungen Piraten“ bzw. *JuPis*, die Schirmherrschaft für diese Veranstaltung übernommen. Da die *JuPis* sich für Feminismus und Geschlechtergerechtigkeit einsetzten, galten sie den „spezialliberalen“ Piraten ebenfalls als links.

Es war daher auch ein Statement der Veranstalter, die Keynote der Konferenz im Jahr 2014 ausgerechnet von Anne Helm halten zu lassen, die just in dem halben Jahr zuvor im Auge des Orkans gestanden hatte, der durch die Partei fegte. Anne Helm stellte dort in ihrem Referat implizit die Frage, was von den Piraten bleiben wird. Und sie stellte die These auf, dass die Piratenpartei ein Experiment war. Ein Experiment hingegen sei nur gescheitert, wenn man nicht in der Lage sei, Schlüsse daraus zu ziehen.

Welches aber sind die Lehren, die wir aus dem Experiment „Piratenpartei“ gewinnen sollten? Was für Schlüsse kann man daraus ziehen? Wie könnte eine neue, zukünftige Bewegung oder auch eine bereits bestehende von den gewonnenen Erkenntnissen profitieren? Auch das Scheitern eines Experiments ist wertvoll, wenn sich das Experiment zuvor selbst gelohnt hat.

Für mich haben sich neun Thesen herauskristallisiert.

These 1: Basisdemokratie funktioniert nicht ohne elektronische Unterstützung

Wer möglichst viele oder vielleicht sogar alle Mitglieder einer Bewegung einbinden möchte, darf nicht nur eine Geld- und Zeitelite zu Entscheidungen und zur Mitwirkung einladen. Parteitage alleine erzeugen keine Basisdemokratie, selbst wenn man auf ein Delegiertensystem verzichtet – diesen Denkfehler haben die Piraten begangen. Beteiligung endet auch nicht mit den Wahlen, sondern muss ein fortlaufender Prozess sein – diese Tatsache zu vernachlässigen ist der Fehler der anderen Parteien.

Mit dem Annageln einer elektronischen Tafel und eines elektronischen Briefkastens allein ist es aber auch nicht getan: Es bedarf auch Meinungsbildungs-, Entscheidungs- und Abstimmungstools. Diese müssen die demokratischen Prozesse so strukturieren, dass sie vorher definierte Zyklen durchlaufen und zu definierten Ergebnissen überleiten. Die Ergebnisse müssen nachvollziehbar sein und öffentlich dokumentiert werden. Basisdemokratie ist kein Selbstzweck, sie muss auch funktionieren können.

Prozesse müssen so aufgebaut sein, dass sie zu einem absehbaren Endpunkt führen, damit einmal getroffene Entscheidungen nicht immer wieder aufs Neue in Frage gestellt werden. An der Legitimation solcher elektronisch getroffener Entscheidungen darf ebenfalls kein Zweifel bestehen, sie müssen in ihrem Rang gleichwertig mit anderen Beschlüssen behandelt werden. Ohne Rückendeckung durch Vorstand, Organisation und Protagonisten geht es allerdings nicht. Ein klares Bekenntnis zu diesen

Prozessen, zu den Werkzeugen und zu den damit herbeigeführten Entscheidungen muss her.

Mailinglisten und Diskussionsforen ersetzen diesen Diskurs nicht, und auch als Top-Down-Verkündungswerkzeug sollte das System nicht konzipiert sein: Die Partizipationsmöglichkeiten sollten allen gleichermaßen und mit gleichen Rechten offenstehen. Das schließt auch das Starten von Initiativen und das Verorten von Richtungen mit ein. Ein Mitgliederentscheid über vorgegebene Fragestellungen ist allenfalls der Beginn eines solchen Prozesses.

These 2: Ein Demokratie-Update braucht direkte und delegative Elemente

Der Parlamentarismus in seiner jetzigen Form krankt an deutlichen Symptomen von Meinungs-Votums-Dissonanz und Polit-Theater-Inszenierung. Es faulen seit geraumer Zeit Probleme vor sich hin, und niemand will sie sehen. Wir müssen uns damit beschäftigen.

Parlamentarismus wurde als Demokratiewerkzeug eingeführt, um den Willen möglichst vieler Menschen zu repräsentieren. Diese delegieren die Wahrnehmung ihrer Interessen durch Wahlen an Parteien, die diese dann in parlamentarischen Prozessen vertreten sollen. So weit, so gut.

„Kaufen" muss eine Wählerin, ein Wähler eine Partei jedoch im Komplettpaket. Er bekommt abgeschlossene Weltbilder geliefert, die ihm die demokratischen Parteien anbieten, er kann sich in einem dieser Bilder wiederfinden – oder eben auch nicht, dann bleibt ihm die Auswahl derjenigen Partei, die er am wenigsten ablehnt. Die Wahl der Qual: Eine Simulation von Demokratie.

Weltbilder sind längst nicht so trivial, so eindimensional, dass sie in einen Katalog aus einem halben Dutzend Lebensentwürfen passen. Der Wähler muss die Wahlentscheidung also auf einige Kriterien reduzieren, die ihm besonders wichtig erscheinen – oder gleich auf ein Bauchgefühl. Zwischen den Wahlterminen hat er dann gar keine Einflussmöglichkeiten auf Politik mehr. Deswegen sind die Politik- und insbesondere die Parteienverdrossenheit in unserer Gesellschaft so groß.

Der Gegenpol ist die direkte Demokratie: Volksbegehren und Volksentscheide, direkte Abstimmungen über einzelne politisch-gesellschaftliche Fragestellungen unmittelbar durch die Menschen, die davon betroffen sind. Volksentscheide sind jedoch aufwendig, haben hohe Hürden zu überspringen und kranken an niedriger Beteiligung. Es erscheint undurchführbar, zu allen aktuellen Themen immer die gesamte Bevölkerung zu befragen. Es werden sich niemals alle Menschen für sämtliche Themen gleichermaßen begeistern. Beteiligung kann man nicht erzwingen, man muss auch respektieren, dass Menschen sich die Themen selbst aussuchen, zu denen sie aktiv werden wollen.

Daher braucht es eine Mischform aus direkter und delegativer Demokratie: Delegation als Grundform, direkte Entscheidungen als Angebot in möglichst vielen Fragestellungen und Themenfeldern.

In der Auswahl der Themen sollten die Menschen dann aber höchstmögliche Flexibilität haben: Idealerweise bestimmt jeder selbst, zu welchen Themen er selbst entscheiden will und zu welchen er Entscheidungen delegiert. Idealerweise kann er jede Delegation einzeln vergeben, auch an unterschiedliche Personen oder Gruppen. Das geht nur elektronisch; Liquid Democracy ist ein Ansatz, das zu realisieren.

Es sollen in erster Linie immer diejenigen entscheiden, die von den Auswirkungen der Entscheidung tatsächlich selbst unmittelbar betroffen sind. Und nicht alles ist Verhandlungssache: Individuelle Rechte, Minderheitenschutz und das soziale Netz können auch nicht durch Mehrheitsentscheidungen ausgehebelt werden (jedoch, wie zu befürchten ist, durch TTIP).

These 3: Regelwerk ersetzt nicht Haltung

Die Piraten waren Technokraten. Sie hatten eine Vorliebe für Satzungen und Geschäftsordnungen. Das ist aber kein Ersatz für Inhalte oder für Politik; sobald die Vereinsmeierei überhandnimmt, ist die Reißleine zu ziehen.

In einer funktionierenden Gruppe braucht es ein gemeinsames Wertegerüst grundlegender Werte, die von allen geteilt werden. Man muss wissen, wofür man steht und was die gemeinsamen Ziele sind. Und die kann man nicht durch Werkzeuge, Regelwerk oder Betriebssystem ersetzen: Es gehört eine Vision dazu, wie die Gesellschaft aussehen soll, in der man leben möchte.

Dieses Wertesystem muss bestimmt und ausgesprochen werden. Dieses Wertesystem muss formuliert werden. Dieses Wertesystem kann nicht nur aus Ablehnung bestehen, es bedarf auch eines Willens, eines Zieles. Es bedarf auch eines Planes für den Weg dorthin. Und der sollte nicht nur aus einer Dystopie bestehen.

Dabei ist das Wertesystem im politischen Sinne nicht notwendigerweise eindimensional: Eine reine Einordnung in ein Spektrum von links nach rechts reicht womöglich nicht aus. Das entbindet aber nicht davon, eine Haltung zu links und rechts haben zu müssen. Und die kann nicht nur „dagegen" lauten.

In dem Zusammenhang sollte man endlich die Lebenslüge beerdigen, man könne „nicht links, nicht rechts, sondern vorne" sein. Vor allen Dingen ist man nicht „nicht links, nicht rechts", wenn man doch irgendwie konservativ-bewahrend-reaktionär, also: rechts ist.

These 4: Partizipation zuzulassen bedeutet nicht, sich nicht abzugrenzen

Der Anspruch, für alles und jeden offen zu sein, ist ehrbar. Aber undurchführbar. Der Grundsatz, Partizipation für alle zu bieten, ist gut und richtig: Offenheit als Grundeinstellung ist ein fairer, ein menschlicher Ansatz.

Doch kein Grundsatz ohne begründete Ausnahme: Man muss sich gegen destruktive Formen des Diskurses und gegen zerstörerische Teilnehmer abgrenzen, alleine schon um andere, konstruktive Teilnehmer zu schützen, die in einer Meinungsführerschaft der Lauten und Destruktiven untergehen würden. Sonst führt die Offenheit gegenüber den Einen zum Ausschluss der Anderen.

Meinungsfreiheit bedeutet auch nicht, allen eine Plattform für die Verbreitung jeder beliebigen Meinung bieten zu müssen. Man muss nicht – nein, man darf nicht als Sprachrohr dienen für Meinungen, die so ganz abseits vom eigenen Wertekonsens sind, den man transportieren will. So wie man im eigenen Hausflur keine rassistischen Flugblätter, an der eigenen Hauswand keine fremdenfeindlichen Schmierereien zulässt, so sollte man auch in der eigenen Organisation, in den eigenen Medien und Plattformen verfahren.

Haltung muss auch Konsequenzen haben: Von Meinungen, Personen und Gruppen, die den Wertekanon verletzen, muss man sich abgrenzen. Auch thematische Bündnisse haben ihre Grenzen.

Filtersouveränität der Einzelnen, also das Recht zu entscheiden, an welchen Diskussionen man teilnehmen möchte und an welchen nicht, ist zu respektieren. Wer partout den Diskurs mit Meinungen außerhalb des Wertekanons führen will, soll ihn außerhalb der Gruppe an neutralem Ort führen.

These 5: Transparenz ist kein Selbstzweck

Transparenz in politische Prozesse zu bringen ist wichtig und richtig. Um öffentliche Daten nutzen zu können, müssen sie auch öffentlich sichtbar, in offenen Formaten vorhanden und in maschinenlesbarer Form zur Weiterverarbeitung verfügbar sein. Transparenz gilt für das Staatswesen und die öffentliche Verwaltung, die Gesellschaft und Politik – aber nicht für den Einzelnen.

Die Abgrenzung zu der persönlichen Sphäre ist nicht immer ganz leicht, gerade nicht bei Politikern, die stets auch Teil der Öffentlichkeit sind.

Transparenz politischer Prozesse darf aber auch nicht zum Selbstzweck, zum Informations-Overkill werden. In allen Prozessen gibt es spezielle geschützte Phasen, auch bei solchen politischer Natur, wo Ideen wachsen müssen, in denen man auch mal ohne Angst vor Krittelei kreativ spinnen können darf. Dafür braucht man geschützte Räume. Auch bei destruktiven Angriffen muss man sich zum Selbstschutz zurückziehen dürfen.

Wer unter Beobachtung steht, verhält sich anders. Sobald diese Verhaltensänderung nachteilig für den Prozess ist, ist Transparenz schädlich.

Besser ist Offenheit statt Durchsichtigkeit: Transparenz muss nicht immer „live" hergestellt werden, sie kann auch Nachvollziehbarkeit im Nachhinein bedeuten. Transparenz muss nicht die wörtliche Wiedergabe aller Einzelheiten sein, sie kann auch darin bestehen, dass man Ergebnisse zusammenfasst und den Weg dahin verdeutlicht. Transparenz bedeutet auch, Informationen nicht in der Fülle der Roh-Daten zu verstecken, sondern entscheidende Fakten herauszustellen.

These 6: Man braucht Köpfe mit Themen

Wahlkämpfe werden hochgradig personalisiert. Auf Plakaten finden sich Politikerköpfe und kurze Slogans, die an Gefühle appellieren. Das scheint einerseits viele Menschen tatsächlich anzusprechen – andererseits schreckt dieser Mangel an Inhalt viele auch ab. Piraten haben mit der Gegenposition reagiert: Auf ihren Plakaten waren allenfalls unbenannte Piraten abgebildet und viel Schrift. Diese Plakate haben dann aber auch nicht funktioniert, da sie oft zu viel Text enthielten, oder für Außenstehende nicht verständlich waren.

Piraten hegten Autoritäten gegenüber grundsätzlich großes Misstrauen. Dieses Misstrauen erstreckte sich auch auf Autoritäten in den eigenen Reihen: Jeder, der den Kopf aus der Menge herausstreckte, wurde mit Argwohn beobachtet und musste mit Widerstand und heftiger Kritik rechnen. Machtkonzentrationen wurden auch innerhalb der eigenen Partei nicht akzeptiert.

Das hat dazu geführt, dass die Identifizierbarkeit der Bewegung zerstört und die Protagonisten der Partei verheizt worden sind. Der Slogan „Themen statt Köpfe“ ist eine der großen Lebenslügen der Piratenpartei.

Es fehlte ein Verständnis, dass Inhalte über Gesichter transportiert werden können, und dass – gute Arbeit vorausgesetzt – eine Profilierung Einzelner auch der Bewegung nützt. Ein „Kopf mit Thema“, der in der öffentlichen

Wahrnehmung mit einer Bewegung fest verbunden ist, dient auch der gemeinsamen Sache.

„Köpfe", das geht auch nicht-autoritär: Über Kompetenz, Charisma oder Soft Skills.

These 7: Humanes und solidarisches Miteinander ist nötig

Eine Bewegung darf den destruktiven Umgang, den die Piraten untereinander praktiziert und geduldet haben, nicht akzeptieren. Solidarität miteinander sollte den höchsten Stellenwert haben, auch bei eventuellen Differenzen, solange man ein gemeinsames Wertegerüst teilt. Individualität muss akzeptiert werden: Wenn Menschen „speziell" sind, aber Besonderes leisten, sind das oft zwei Seiten derselben Medaille; es gibt nicht die eine ohne die andere.

Ein Kardinalfehler war es, sich mit politischen Feinden gegen den innerparteilichen Gegner zu verbünden, wenn es gerade opportun war: Gegen Angriffe von außen muss man zusammenstehen.

Auch wenn es verlockend ist, bei innerparteilichem Streit die öffentliche Bühne zu suchen: Auseinandersetzungen müssen zunächst ausschließlich unter denjenigen geführt werden, die sie haben, gegebenenfalls mit externer Hilfe an Moderation und Mediation – aber nicht öffentlich. Dazu müssen Ansprechpartner, Werkzeuge und Mechanismen zur Verfügung stehen. Und Parteien tun gut daran, ihre Mitglieder dazu anzuhalten.

Vorstände einer Vereinigung tragen die Verantwortung für die Umgangsform. Sie dürfen sich nicht für nicht zuständig erklären bei innerparteilichen Auseinandersetzungen, denn sonst pegelt sich die Kultur in der Organisation auf den geringsten, gerade noch zu ertragenden Umgangsstil ein.

These 8: Schwarmintelligenz gibt's nicht

Der Schwarm ist nicht intelligent, er verhält sich nicht mal immer rational. Gruppen haben ihre eigene Dynamik. Gruppendynamische Prozesse sind bisweilen sogar ausgesprochen dumm. Das, was der Schwarm sagt oder tut, ist nicht automatisch richtig oder gut. Die Meinung des Schwarms hat kein größeres Gewicht als eine Einzelmeinung.

Man tut als Gruppe gut daran, Rituale zu hinterfragen, gerade wenn man sie sich selbst ausgebildet hat. Solche Rituale haben sich aus gegenseitiger Beobachtung entwickelt, sie bestehen daher oft ohne begründetes Fundament, sondern sind quasi Hörensagen.

Ein Problem innerhalb hierarchiefreier Gruppen ist die Diffusion von Verantwortung. Wenn viele Leute zuständig sind, ergreift niemand die Initiative. Bei Fehlschlägen werden keine Konsequenzen gezogen.

Entscheidungen werden eher zufällig getroffen. Wenn Systeme extrem stark rückgekoppelt sind, können sie chaotisch werden und die Ergebnisse unvorhersehbar. Das kann dann ganz toll sein – oder eben auch eine Katastrophe.

Die Lösung ist aber nicht eine Top-Down-Struktur, sondern die Heterarchie: Verantwortung und Kontrolle wird auf der Netzebene verteilt. Dazu muss die Akzeptanz da sein, eine kleinere Organisationseinheit mit der Entscheidungskompetenz über einen Aspekt auszustatten. Teilaspekte sind dann aber auch beispielsweise die Außendarstellung, Strategie und Vorbereitung einer Richtungsbestimmung. „Verwaltende“ Vorstände, wie sie die Piratenpartei hatte, reichen dafür nicht aus.

These 9: Netzpolitik ist Gesellschaftspolitik – und umgekehrt

Das Internet „verschwindet“. Ist es in den ersten Jahren seiner Sichtbarwerdung als „World Wide Web“ Selbstzweck der Berichterstattung gewesen, wird es immer mehr zum integralen Bestandteil aller anderen Lebensbereiche. Es wird gewissermaßen die Plattform, auf der unsere Gesellschaft läuft.

Eine fachliche Konzentration schärft das Profil einer Bewegung. Natürlich waren die Piraten die Partei des Internet, denen man die Kompetenz über die damit einhergehende Technik zutraute. Doch es geht nicht so sehr um die Frage, die Technik hinter dem Internet zu verstehen: Um ein Auto zu fahren, muss man nicht wissen, wie der Motor funktioniert. Selbst ein Weltklasse-Rennfahrer muss darin kein Experte sein. Idealerweise hat man Spezialisten, die diese Materie beherrschen. Viel wichtiger ist es, das System in seinen Verhaltensweisen und Reaktionen zu kennen – und so zu steuern, dass es möglichst genau das tut, was es idealerweise tun soll. Dazu muss man sich vorher überlegt haben, was das sein soll.

Wenn das Internet aber zum Betriebssystem der Gesellschaft wird, ist es viel wichtiger zu wissen, wie unsere Gesellschaft in Zukunft aussehen soll – um dann diese Ziele mit Hilfe des Internets realisieren zu können.

Die Frage „Wem gehört das Netz“ wird zur Machtfrage. Dabei handelt es sich um eine Frage der Verteilung von Ressourcen.

Geistiges Eigentum ist ebenfalls eine Ressource, die notfalls künstlich verknappt worden ist – dabei sind gerade diese Ressourcen in aller Regel kostenlos und verlustfrei zu vervielfältigen, könnten also allen Menschen kostenlos zur Verfügung stehen, wenn man das denn will. 3D-Drucker in jedem Haus sind jedenfalls noch keine Revolution, solange der Zugang zu geistigem Eigentum, beispielsweise der Konstruktionsweise von Produkten, beschränkt ist. Anne Helm brachte in ihrer Keynote auf der „Open Mind" im Jahr 2014 das Bild des „Nahrungsreplikators" aus der Science-Fiction-Serie Star Trek – der Zugang dazu würde vermutlich mit Waffengewalt kontrolliert werden und wäre keine automatische Lösung des Hungerproblems auf der Welt. Geistiges Eigentum muss aus der stets kapitalistischen Verwertungslogik gelöst werden, um die Welt verändern zu können.

Es wäre naiv, zu glauben, dass das Internet immer noch Neuland für die Gegenspieler des freien Netzes wäre, im Gegenteil. In der globalen Überwachung, in der Kommerzialisierung aller Lebensbereiche sind die Gegenspieler sehr weit fortgeschritten und gehen überaus planvoll vor. Verschlüsselung von Kommunikation, die Demokratisierung des Netzes ist Selbstverteidigung und wird daher bekämpft. Ohne ein planvolles Gegengewicht, ohne eine eigene, positive Gestaltung des Netzes, ohne einen Gegenentwurf und eine gewichtige Werbung dafür wird die Zivilgesellschaft das Nachsehen haben.

Statt eines Nachwortes

Tagsüber hört man die Zikaden in den Bäumen. Erscheint es einem anfangs als ohrenbetäubender Lärm, nimmt man das Geräusch nach ein paar Tagen nicht mal mehr wahr. Nachts hört man die Käuzchen, das sanftere Zirpen der Grillen, und heiseres Bellen, von dem ich mir vorstelle, dass sich so die Stachelschweine rufen. Endlich hat es sich abgekühlt, und ein leichter Wind ist aufgefrischt. Fledermäuse fliegen eckige Wege auf der Jagd nach Insekten, mit etwas Glück sieht man Glühwürmchen ihre blinkend-gestreifte Spur durch die Luft ziehen.

Weil die nächste Stadt weit genug entfernt ist, wird es nachts richtig dunkel: Platz für eine unfassbare Zahl Sterne am Himmel. Sogar die Milchstraße selbst kann man deutlich erkennen. Wenn man genau hinschaut, kann man Satelliten auf ihrer typischen Bahn von Süd nach Nord am Himmel sehen. Und Kometen: Wünsch Dir was. Am Nachdenken hindert einen da nichts.

Die Grundzüge dieses Manuskripts habe ich innerhalb kurzer Zeit erstellt. Der Wunsch nach einer Abrechnung und Erklärung in mir war offenbar enorm. Jetzt fühlt es sich wie ein Abschied an – zugleich die Gelegenheit, Zorn und Verletztheit hinter sich zu lassen. Und ein wenig auszublicken.

Politik ist ein schmutziges Geschäft. Ich bin oft gewarnt worden. Aber ich war und bin immer wieder aufs Neue überrascht, wie schmutzig es ist. Und die Piraten waren darin keinen Deut besser als andere Parteien. Allerdings will ich in den meisten Fällen keine Absicht unterstellen. Die Lebensweisheit, die Feststellung zum wahrscheinlichsten Grund menschlicher Verfehlungen, die „Hanlons Rasiermesser" genannt wird, besagt: „Schreibe nichts der Boshaftigkeit zu, was durch Dummheit hinreichend erklärbar ist". Ich möchte annehmen, dass die meisten Piraten es einfach nicht besser wussten.

Offenheit, Ehrlichkeit, Verletzlichkeit sind Verhaltensweisen, die man sich in der Politik nicht gut leisten kann: Sie wird sofort gegen denjenigen gewendet, der sie zeigt. Ebenso wenig Individualität oder gar Schwäche. Wer aus der Reihe tritt, wer etwas speziell ist, wer nicht ins Team passt, geht schnell verloren. Dabei sind es doch oft gerade die „Spinner", die etwas anderen Personen, die Besonderes leisten. Man kann dann aber nicht nur die Rosinen herauspicken: Eigenartigkeit und Kreativität sind dann die zwei Seiten derselben Medaille. Der Konformitätszwang, der aufgebaut wird, tötet die Phantasie.

Von allen Seiten ertönt die Klage, dass Politiker abgehoben sind, dass sie Distanz zu den „normalen Leuten" aufbauen und emotional nicht zu erreichen sind. Über „Teflon-Merkel", an der alles abperlt, macht man sich lustig. Dabei ist es dieses System, das diese Art von Politikern züchtet, es sind auch die Öffentlichkeit und die Medien, die gnadenlos mit Persönlichkeiten umgehen. Und die schärfsten Kritiker, die aggressivsten Gegner sitzen wohl in der eigenen Partei. Da ist es schlicht besser für die Karriere, besser für die Gesundheit, keine Ecken und Kanten zu haben.

Einfallsreichtum und Sensibilität gehen jedoch Hand in Hand. Wer verlangt, dass Politiker dickfellig gegenüber dem Politbetrieb seien und eine Distanz zu ihrer Arbeit herstellen sollen, der muss sich nicht wundern, dass es dann auch keine Kreativität in der Politik gibt: Unter diesen Umständen wird Politik zur Behörde, es können weder (zunächst versponnen wirkende) Visionen geschaffen, noch Ideen geboren und entwickelt werden. Ich hatte die Hoffnung, dass in der Piratenpartei das grundsätzlich anders werden würde. Es war leider nicht so.

Ich habe einige großartige Menschen kennen gelernt, wofür ich sehr dankbar bin. Diese bleiben, so hoffe ich, ihrem Idealismus treu und arbeiten an einer besseren Welt, das fände ich schön.

Helmut Schmidt hat einmal gesagt: „Wer Visionen hat, sollte zum Arzt gehen". Später war er über dieses Zitat nicht mehr so glücklich, er nannte es „eine pampige Antwort auf eine dusselige Frage". Von daher muss man ihm heute diesen Spruch nachsehen. Denn eigentlich braucht es Visionen, es braucht eine positive Idee von der Gesellschaft, in der wir in Zukunft leben wollen, in der unsere Kinder aufwachsen werden. Politiker sollten Visionen haben, alles andere wäre nur Verwaltung.